Inhalt

»Einmal Achtsamkeit, bitte!«

Es gibt fast kein Magazin, das sich nicht schon mit dem Thema »Achtsamkeit« auseinandergesetzt hat. Ausbildungen zum Achtsamkeitstrainer werden angeboten, und Achtsamkeitsseminare schießen wie Pilze aus dem Boden. Sogar Manager sitzen mit geschlossenen Augen in einem Raum und lutschen achtsam an einer Rosine und zahlen dafür eine Menge Geld. Achtsamkeit liegt im Trend! Nach dem Motto: Bist du auch schon achtsam?! Wer »in« ist, der hat sich schon damit beschäftigt, einen Kurs besucht, eine Reportage gesehen, ein Buch gelesen … Es scheint fast so, als ob man Achtsamkeit kaufen und konsumieren kann: »Einmal Achtsamkeit, bitte!« Und dann ist die Sache erledigt.

Aber ich bin ehrlich mit dir: Das ist nicht die Achtsamkeit, die dein Leben nachhaltig und vor allem zum Positiven und zum Heilsamen verändert! Denn auch ein »guter« Einbrecher knackt das Türschloss achtsam, wenn er nicht auf frischer Tat ertappt werden will. Ein »erfolgreicher« Banker verkauft mit achtsamem Gespür das Aktienpaket an betagte Senioren. Du kannst dich sehr achtsam mit Rotwein betrinken, und auch der Scharfschütze auf dem Dach braucht eine ruhige Hand und einen achtsamem Fokus, um sein Ziel zu treffen.

Sandy Taikyu Kuhn Shimu

Die besten Übungen für ein Leben in Balance & Harmonie

einfach achtsam

Schirner Verlag

ISBN 978-3-8434-5166-6

Sandy Taikyu Kuhn Shimu:
einfach achtsam
Die besten Übungen für ein
Leben in Balance & Harmonie

Umschlag: Simone Fleck, Schirner,
unter Verwendung von #84567760
(©junjun), #210187381 (©wow.subtropica),
#138527972 (©faitotoro), #341320430
(©dwph) und #81012826 (©HolyCrazyLazy)
www.shutterstock.com
Layout: Simone Fleck, Schirner
Lektorat: Katja Hiller, Schirner
Printed by: Ren Medien GmbH, Germany

www.schirner.com

1. Auflage Mai 2018

Die Achtsamkeit, von der ich spreche, hat nicht die Gewinnoptimierung, bessere Leistungsfähigkeit, weniger Arbeitsausfälle oder höhere Erfolgsquoten zum Ziel. Das alles sind »Nebenprodukte« der Achtsamkeit. Nein, die Achtsamkeit, von der ich spreche, ist eine, die in dir die Erkenntnis weckt, was wirklich wichtig und richtig in deinem Leben ist! Vielleicht nimmst du durch die Schulung deiner Achtsamkeit wahr, dass du gar nicht so viel Verantwortung in deinem Job tragen, dafür lieber mehr Freizeit haben möchtest. Und du erkennst, dass die Reduzierung deines Gehalts, die mit dieser Entscheidung einhergeht, völlig in Ordnung ist – erstens, weil du weniger arbeitest und eine andere Position einnimmst, und zweitens, weil du jetzt viel weniger Frust- und Kompensationseinkäufe tätigst, da du zufriedener und ausgeglichener bist!

Mir ist es wichtig, dass du verstehst, dass Veränderung immer auf zwei Säulen basiert: tiefes Verstehen (Erkenntnis, Weisheit) und Achtsamkeit (bewusste Wahrnehmung). Sei dir bewusst, dass Achtsamkeit dein Schlüssel zur Veränderung ist, denn deine Energie folgt immer deiner Achtsamkeit. Nur so kannst du Gewohnheitsmuster und Reaktionsketten in deinem Leben erkennen, durchbrechen und verändern!

Dein Geist und dein Körper werden mit diesem kleinen Ratgeber viel »Nahrung« erhalten. Was und wie viel du davon »verdauen« möchtest, liegt ganz bei dir.

EIN KLEINER TIPP:

Lege dir ein Achtsamkeitstagebuch zu. Schreibe deine Erfahrungen auf. Selbstreflexion hilft, innere Prozesse zu erfassen. Denn in dem Moment, in dem du deine Erfahrungen in Worten ausdrücken kannst, lernst du nicht nur einfacher und schneller, sondern auch nachhaltiger! Wichtig dabei ist, dass du nie vergisst, mitfühlend mit dir selbst umzugehen. Erlaube dir, Fehler zu machen, probiere Neues aus, und mache deine eigenen Erfahrungen. Das Leben ist zu kurz für Ausreden und Unachtsamkeit!

Lebe
AUGENBLICK
für
Augenblick,
dann gibt
es weder RICHTIG
noch FALSCH.

Wo bist du gerade?

Wo bist du gerade? Das ist aber eine seltsame Frage, wirst du jetzt bestimmt denken. Ich bin hier! Wo denn sonst? Aber ist das wirklich so? Sind dein Körper und dein Geist tatsächlich immer zur selben Zeit am selben Ort? Bist du jederzeit im Hier und Jetzt? Kannst du mit Gewissheit sagen, dass du ständig in der Gegenwart präsent bist? Dass du immer genau weißt, was du gerade denkst, wie du dich fühlst und was du tust? Falls dem so ist, kannst du diesen Ratgeber getrost zur Seite legen. Du hast bereits alles, was du für ein bewusstes, glückliches, zufriedenes, erfolgreiches und gelassenes Leben benötigst.

Sollte dir aber einer der folgenden Sätze bekannt und vertraut vorkommen, lohnt es sich, dieses Büchlein bis ganz zum Ende zu lesen.

- Wo bin ich bloß mit meinen Gedanken?
- Schon wieder habe ich mir den kleinen Zeh gestoßen …
- Was will ich nur in diesem Zimmer?
- Wo habe ich meine Schlüssel hingelegt?
- Was hast du gerade gesagt?
- Ich kann sehr gut mehrere Dinge gleichzeitig erledigen …

- Das habe ich nicht gesehen …
- Aus Versehen habe ich das gelöscht …
- Ich habe ganz vergessen, zu sagen, dass …
- Was wollte ich gerade erzählen?
- Wie war Ihr Name?
- Das ist mir völlig egal …
- Das geht mich gar nichts an …
- Das habe ich nicht gemerkt …
- Das will ich nicht hören …
- Davon will ich nichts wissen …
- Ich bin gerade in Gedanken versunken …
- Ich spüre mich nicht.
- Ich kann nicht anders …
- Ich muss das so machen …
- Ich weiß nicht, wo mir der Kopf steht …
- Ich kann mich nicht gut konzentrieren …
- Ich bin nicht in meiner Kraft …
- Es fehlt mir an Lebensfreude …
- Ich fühle mich überfordert …
- Mir wird alles zu viel …
- Ich fühle mich überhaupt nicht wohl in meiner Haut …
- Ich muss mich jetzt mal ablenken …
- Ich will hier nicht sein …
- Wenn …, dann …

Diese Liste ließe sich noch beliebig lang fortsetzen, aber darum geht es nicht. Mir ist es wichtig, dass du verstehst, dass der Begriff »Achtsamkeit« viel mehr beinhaltet als nur Konzentration. Achtsamkeit ist Hingabe, Sorgfalt, Interesse, Anteilnahme, Einfühlungsvermögen, Offenheit, Mitgefühl, Sammlung, Präsenz, Aufmerksamkeit, Wohlwollen, Vorsicht, Zuverlässigkeit, Genauigkeit, Wahrnehmung, Verantwortungsbewusstsein …

Lasse uns gemeinsam auch noch ein paar Begriffe betrachten, die das Gegenteil von »achtsam sein« beschreiben. Je vertrauter du mit dem Thema bist, desto besser kannst du dich im Alltag überprüfen und zurück in die Kraft des Augenblicks finden. Unachtsam sein bedeutet: gedankenlos, abwesend, leichtfertig, achtlos, fahrlässig, gleichgültig, lieblos, nachlässig, unaufmerksam, ohne Sorgfalt, verträumt, unvorsichtig, abgelenkt und verantwortungslos sein. Ich finde es immer wieder faszinierend, welch eine Vielzahl von Eigenschaften in einem einzigen Begriff steckt!

Achtsamkeit findet immer nur im Hier und im Jetzt statt, im gegenwärtigen Moment. Achtsam sein, das muss man nicht nur wollen, sondern man muss es auch üben! Achtsamkeit ist eine geistige Haltung, eine wertvolle Tugend, die stets von Neuem in der Gegenwart, praktisch mit jedem Atemzug, kultiviert und praktiziert werden will. Je öfter du dich behutsam, aber bestimmt daran erinnerst, mit deinem Körper und mit deinem Geist in den Augenblick zurückzukehren, desto leichter wird es dir fallen, Achtsamkeit zu einer heilsamen Gewohnheit, zu deiner positiven, vertrauten und ständigen Begleiterin, werden zu lassen. Mit ihr hast du eine treue Verbündete an deiner Seite, die dir Gelassenheit, Lebensfreude, Akzeptanz, wahre Werte, Zeit und Energie schenkt!

Ein alter Mann ging spazieren. Er liebte es, durch den Wald zu schlendern. Gern hörte er den Vögeln beim Singen zu, beobachtete die scheuen Rehe und erfreute sich am frischen und belebenden Duft der Tannen. Auf seinem Weg begegnete er einem jungen Holzfäller, der angestrengt einen Baumstamm zersägte. Der Mann schien sehr unter der schweren Arbeit zu leiden. Sein Gesicht war gezeichnet von den Strapazen, und er schwitze und stöhnte.

Der alte Mann kam näher, um zu erkunden, weshalb das Zersägen des Stamms so viel Mühe bereitete. Schnell erkannte der versierte Mann den Grund für die Beschwerden des jungen Holzfällers und begrüßte ihn höflich: »Guten Morgen, junger Mann, wieso machen Sie es sich so schwer? Ich erkenne, dass Ihre Säge ganz stumpf ist. Wenn Sie Ihr Werkzeug schleifen, geht Ihre Arbeit viel leichter von der Hand. Sie sparen nicht nur Zeit, sondern auch Energie!«

Ohne den anderen eines Blickes zu würdigen, entgegnete der Holzfäller verärgert: »Ich habe keine Zeit, ich muss den Baum zersägen!«

Mit diesem Ratgeber möchte ich dir ein paar einfache, aber sehr wirkungsvolle Übungen und Techniken zur Schulung und Entwicklung deiner Achtsamkeit mit auf den Weg geben. Fühle dich frei, nach Lust und Laune eine Übung nach deiner Wahl herauszusuchen. Erlaube dir, zu experimentieren und neue Erfahrungen zu machen. Es ist wichtig und richtig, dass du mit Gelassenheit, Freude und einem offenen Herz-Geist praktizierst. Du wirst rasch feststellen, wie wertvoll und bereichernd es ist, sich nicht nur intellektuell, sondern auch ganz praktisch mit diesem wichtigen Thema auseinanderzusetzen. Schnell spürst du, wie viel Freude es dir macht, die Theorie in deinen Alltag zu integrieren und die wirkungsvollen Tipps und Tricks umzusetzen. Es macht einfach glücklich, wenn Körper und Geist zur selben Zeit am selben Ort sind, denn der Augenblick ist der einzige Moment, in dem unser Leben tatsächlich stattfindet!

Mögen dich meine Worte zu mehr Präsenz und Tiefe im Augenblick führen, damit du in deinem Alltag mehr Freude, Mut, Vertrauen und Gelassenheit erlebst.

Mit achtsam verbundenen Grüßen deine
Sandy Taikyu Kuhn Shimu

Jede
Veränderung
beginnt in diesem
AUGENBLICK.

Finde in den Moment zurück!

Ich habe ein kleines Ritual, das ich vor jedem Unterricht, jeder Lesung, jedem Vortrag und jedem Seminar praktiziere und gern mit dir teilen möchte. Ja, sogar meine persönlichen Beratungen beginnen immer mit dieser wundervollen Achtsamkeitsübung, in die ich meine Schüler und Klienten einbeziehe. Alle schätzen dieses Ritual sehr, denn es hilft, sowohl körperlich als auch gedanklich ganz in der Gegenwart anzukommen.

Du kennst das bestimmt aus deiner eigenen Erfahrung: Du telefonierst noch schnell, kaufst rasch etwas ein, wirfst einen flüchtigen Blick auf die E-Mails, erledigst noch kurz dies und das, bevor du einen Termin hast oder etwas anderes machst! Und dann sitzt du auf dem Stuhl im Seminarraum, auf dem Kissen in der Meditationshalle, auf der Yogamatte, zu Hause vor dem Fernseher, mit den Kids im Spielzimmer oder beim Candle-Light-Dinner mit dem Partner im edlen Restaurant, und trotzdem bist du ganz woanders!

Das Ritual kannst du immer dann durchführen, wenn du spürst, dass du abgelenkt bist, wenn deine Gedanken Achterbahn fahren, wenn du nervös bist oder dich nicht richtig konzentrieren kannst. Es hilft dir aber auch, wenn du verärgert bist, an Vergangenem festhältst oder dir zu viele Gedanken um Zukünftiges machst. Ich finde, dass es einen neutralen Raum erschafft, der gerade auch im Zwischenmenschlichen so wichtig und wertvoll ist!

Es ist mir ein großes Anliegen, auch dieses Buch mit diesem Ritual zu beginnen. Lies die Übung in Ruhe, und schließe danach die Augen. Wiederhole das Gelesene für dich selbst. Dabei spielt es keine Rolle, ob du den exakten Wortlaut wiedergibst oder deinen eigenen findest. Entscheidend ist, was in dir und mit dir geschieht!

Das Ritual zum Ankommen

Nimm eine stabile und aufrechte Sitzhaltung ein. Du kannst die Übung auch im Stehen durchführen, dann achte auf einen sicheren Stand. Schließe deine Augen, und entspanne deine Gesichtszüge. Verbinde dich mit deiner ganz natürlichen Atmung.

Erlaube dir, ganz im Hier und Jetzt anzukommen. Das heißt: Lasse alles los, was war – es ist Vergangenheit, es ist geschehen, es ist nicht mehr da. Du hast keinen Einfluss mehr darauf. Lasse ganz bewusst los!

Kümmere dich jetzt auch nicht um das, was kommt, um die Dinge, die anstehen, oder die Sachen, die vielleicht eintreffen werden. Die Zukunft ist noch nicht da. Lasse ganz bewusst los!

Erlaube dir, mit deinem Körper, deinen Gefühlen und deinen Gedanken ganz in diesen Augenblick zu kommen. Nur in diesem Moment, in diesem Augenblick, findet dein Leben statt. Es gibt nur eine Zeit, und diese Zeit heißt Gegenwart! Nur im Hier und Jetzt kannst du Einfluss auf dein Leben nehmen. Nur im Hier und Jetzt bestimmst du, wie du dich fühlst, was du denkst und wie du handelst!

Verbinde dich aus dieser gelassenen und wertfreien geistigen Haltung mit deinem inneren Lächeln. Erlaube dir, dieser tiefen Kraft auch Ausdruck zu verleihen, indem du ganz entspannt und natürlich lächelst.

Führe deine Handflächen vor deinem Körper auf der Höhe deines Herzens zusammen. Nimm bewusst wahr, wie sich deine Finger berühren. Du spürst die Verbindung zwischen den kleinen Fingern, den Ringfingern, den Mittelfingern, den Zeigefingern und den Daumen. Du spürst auch die Berührungspunkte deiner Daumen- und Handballen. Jetzt nimmst du den kleinen Hohlraum in der Handmitte wahr, dort, wo sich deine Handflächen nicht berühren. Verbinde dich mental mit diesem freien Raum, mit diesem unendlichen Potenzial, mit dieser Offenheit und Freiheit.

Verweile für ein paar Atemzüge in diesem offenen Gewahrsein, und genieße die Präsenz dieser reinen Wahrnehmung. Beende diese Übung, wann immer du möchtest!

Es ging schon seit einiger Zeit das Gerücht um, dass der große braune Bär eine Todesliste vorbereitet hatte. Die Verunsicherung bei den anderen Waldbewohnern war entsprechend groß. Alle hatten Angst und fragten sich, ob auch sie auf dieser Liste standen. Der Hirsch konnte mit dieser Ungewissheit nicht leben und entschloss sich, den Bären zu fragen: »Sag mal, stehe ich auch auf deiner Liste?« Der Bär nickte, und schon nach wenigen Tagen fand man den Hirsch tot.

Die Unruhe im Wald wurde immer größer, und so nahm auch der Eber seinen Mut zusammen und erkundigte sich beim Bären: »Stehe ich auch auf deiner Todesliste?« – »Ja, auch du stehst auf meiner Liste!«, antwortete der Bär dem Eber. Voller Entsetzen rannte das arme Tier davon und wurde nur wenige Tage später erlegt aufgefunden. Alle anderen Tiere versteckten sich, und keiner getraute sich mehr, den Bären aufzusuchen.

Nur der ängstliche Hase fasste sich ein Herz und fragte mit zittriger und leiser Stimme nach: »Du, Bär, sag mal, stehe ich auch auf deiner Liste?« Der Bär entgegnete dem kleinen Hasen: »Ja, auch du stehst auf meiner Liste!« – »Könntest du mich bitte davon streichen?«, erkundigte sich der Hase scheu. Der Bär erwiderte: »Ja klar, gar kein Problem!«

Achtsamkeit ist der Schlüssel zu einem GLÜCKLICHEN Leben.

Was bedeutet achtsam leben?

Um diese Frage zu beantworten, bedarf es nochmals einer kurzen vertiefenden Erläuterung dessen, was ich unter dem Begriff »Achtsamkeit« verstehe. Stelle dir die Achtsamkeit als das Fundament eines großen Hauses vor. Je kräftiger und stabiler das Fundament ist, desto größer, höher und sicherer kannst du dein Haus darauf bauen. Achtsamkeit ist dein persönliches, essenzielles Fundament für Zufriedenheit, Klarheit, Bewusstheit, Ruhe, Gelassenheit, Stabilität und Gleichmut in deinem Leben. Achtsamkeit steht aber auch für sich allein und bedeutet Präsenz, offenes Gewahrsein, Besinnung, Kraft, Fähigkeit oder Gründlichkeit. Sie wird oft mit Konzentrationsfähigkeit übersetzt – das ist nicht grundlegend falsch, aber es greift viel zu kurz. Achtsamkeit ist die bewusste Wahrnehmung, das neutrale Beobachten, die absolut wertfreie Präsenz in der Gegenwart, und zwar gegenüber dir selbst, d. h. gegenüber deinen Gedanken, Gefühlen, Emotionen und Empfindungen aller Sinne, und gegenüber anderen Menschen, Situationen und der Umgebung.

Achtsam sein und leben bedeutet also, dass du deinen Fokus ausdehnst, dein Bewusstsein erweiterst und deine Wahrnehmung erhöhst. Dieser offenen geistigen

Haltung steht die Konzentrationsfähigkeit gegenüber. Wenn du dich auf etwas konzentrierst, z. B. auf diesen Text oder auf eine Flamme, dann ist dein Fokus nicht nur eng, sondern auch zeitlich begrenzt. Beim Konzentrieren geht es ja genau darum, dass du alles um dich herum vergisst, abschaltest, ausblendest und einschränkst. Achtsamkeit ist genau das Gegenteil. Stelle es dir als Panorama-Bewusstheit vor. Dieser Begriff beschreibt eine offene, weite und grenzenlose Geisteshaltung. So verstanden, fördert Achtsamkeit dein Mitgefühl und dein Verständnis im Umgang mit dir selbst und mit deinen Mitmenschen. Achtsamkeit schenkt dir die Möglichkeit zur Transformation. Denn durch achtsames Beobachten kannst du Einfluss auf dein Denken, Fühlen und Handeln nehmen. Damit meine ich, dass du durch wertfreies Betrachten erkennst, was sich richtig anfühlt, was heilsam und gut für dich ist. Gleichzeitig hast du auch die wunderbare Gelegenheit, zu erfahren, was dich schwächt und welche negativen Wiederholungen dich beeinflussen. Im Gegenzug kannst du dann die positiven und heilsamen Eigenschaften und Gewohnheitsmuster fördern.

Achtsamkeit bedeutet, ganz in die Gegenwart zu kommen, ohne Anspruch, ohne Erwartung und ohne Konzepte. Du lernst, jeden Moment so wahrzunehmen und anzunehmen, wie er ist. Im Alltag geschieht aber meist genau das Gegenteil: Wir interpretieren, greifen ein, wollen bestimmen und Einfluss nehmen. Wir möchten die Wirklichkeit verändern und verkennen dabei die

Realität. Wir sind nicht bereit, die Welt so zu sehen, wie sie tatsächlich ist. In Wahrheit biegen wir uns jeden Tag die Welt zurecht und wundern uns dann, weshalb wir unglücklich, ausgelaugt, kraftlos und unzufrieden sind. Wir beschweren uns, dass uns nichts dauerhaft glücklich macht, erfüllt und befriedigt.

So holst du dir die Achtsamkeit in den Alltag zurück!

Achtsam leben bedeutet, dass du:

> nur noch eine Tätigkeit zur selben Zeit erledigst und nicht mehrere Sachen gleichzeitig bewältigen willst.

> der jeweiligen Arbeit, die du verrichtest, oder der Person, der du begegnest, deine volle Aufmerksamkeit schenkst.

> dein Leben entschleunigst und dir Momente der Besinnung, der Muße und der Selbstreflexion schenkst.

> jedes Leben achtest und Mitgefühl und Wertschätzung gegenüber allen Wesen entwickelst.

> dich in großzügigem Verhalten übst und bereit bist, zu teilen.

> deinen Geist für Neues offen hältst.

> dich nicht an Dogmen und Theorien klammerst.

> deine persönlichen Ansichten und Meinungen immer wieder überprüfst.

> dir deiner sexuellen Verantwortung bewusst bist und die Integrität von Paaren schützt und respektierst.

> deine Sprache wohlwollend, klar und ehrlich einsetzt und mitfühlend, wertfrei und offen zuhörst.

> inneren und äußeren Frieden kultivierst, Konflikte beendest und keine neuen Ursachen mehr setzt, die zu Zwietracht und Streit führen.

> dir und anderen vergibst.

> sorgsam und sparsam mit den Ressourcen der Welt umgehst.

> deinen Körper pflegst, deinen Geist schulst und einfach und gesund lebst.

> einer Arbeit nachgehst, die dich und andere zu besseren Menschen macht.

> deine Hilfe anbietest und zum Wohle der Gesellschaft denkst, fühlst und handelst.

- einen verantwortungsbewussten Umgang mit bewusstseinsverändernden und/oder bewusstseinsbeeinflussenden Substanzen pflegst. Neben Nikotin, Alkohol und Drogen zählen für mich dazu auch Medikamente, das Internet, die sozialen Medien, die Zeitung, der Fernseher, das Smartphone und der Laptop.

- deine positiven und deine negativen Emotionen, Gefühle und Empfindungen zur rechten Zeit, am rechten Ort und im rechten Maß heilsam ausdrücken kannst.

- dir immer wieder vor Augen führst, was du alles hast, und dich nicht von dem ablenken lässt, was dir vermeintlich noch alles fehlt.

- regelmäßigen Kontakt mit Menschen pflegst, die dich auf dem Weg zu mehr Bewusstheit, Respekt, Mitgefühl, Weisheit und Achtsamkeit unterstützen.

ACHTSAMKEIT ist die Kraft, die *frei* und *unabhängig* macht.

4 x einfach achtsam

Wenn du wieder einmal das Gefühl hast, dass alles drunter und drüber geht, und du befürchtest, den Verstand zu verlieren, oder du nicht mehr weißt, wo dir der Kopf steht, helfen dir diese vier Tipps. Sie haben sich in der Praxis als äußerst wirksam erwiesen. Probiere sie aus, du wirst positiv überrascht sein. Ja, das Leben kann wirklich so einfach sein!

Drücke den »Stopp«-Knopf!
Halte inne, und unterbrich für einen Moment das,
was du gerade tust, denkst oder fühlst.

Nimm bewusst wahr!
Beschreibe, was gerade in und mit dir
und um dich herum geschieht.

Verbinde dich mit dir selbst!
Konzentriere dich auf deinen Atem.
Atme ganz bewusst ein und aus.

Ändere die Situation!
Du bestimmst zu jeder Zeit, was du denken,
was du fühlen und wie du handeln möchtest.
Alles ist relativ und veränderbar!
Mache Gebrauch von dieser Freiheit!

Die *Weisheit* des LEBENS besteht in der Kunst, *unwesentliche* Dinge AUSZUSCHALTEN.

Eine große Zen-Meisterin erhielt Besuch von ein paar Menschen, die auf der Suche nach dem Geheimnis der Zufriedenheit waren. »Große Meisterin, was ist das Geheimnis der Zufriedenheit? Was ist dein Rezept, um glücklich und zufrieden zu sein?«, fragten die Suchenden.

Die Meisterin gab zur Antwort: »Wenn ich liege, dann liege ich. Wenn ich aufstehe, dann stehe ich auf. Wenn ich stehe, dann stehe ich. Wenn ich gehe, dann gehe ich. Wenn ich hungrig bin, dann esse ich. Wenn ich durstig bin, dann trinke ich. Wenn ich müde bin, dann schlafe ich, und wenn ich die Dinge verrichten muss, dann gehe ich zur Toilette.«

Die Besucher waren etwas verwirrt und schauten sich ungläubig an. Dies konnte doch nicht das wahre Geheimnis der Zufriedenheit sein, und so erkundigte sich einer: »Große Meisterin, treibe keine Scherze mit uns. Wie du weißt, liegen, stehen, gehen, essen und trinken auch wir, und trotzdem sind wir nicht zufrieden und glücklich.«

Die Meisterin erkannte, dass die Menschen sie nicht verstanden, und fügte deshalb hinzu: »Du hast recht: Ihr liegt, steht, geht, esst und trinkt. Nur wenn ihr liegt, dann denkt ihr bereits ans Aufstehen. Wenn ihr aufsteht, dann denkt ihr bereits ans Gehen. Wenn ihr geht, denkt ihr bereits ans Essen. Wenn ihr esst, dann denkt ihr bereits ans Trinken … Körper und Geist sind bei euch nie zum selben Zeitpunkt am selben Ort.

Eure Gedanken sind entweder in der Vergangenheit oder aber in der Zukunft. Das Leben findet jedoch nur in der Gegenwart statt, und nur in der Gegenwart habt ihr die Möglichkeit, Zufriedenheit und Glück zu erfahren.«

So funktioniert dein Geist

Vier grundlegende Zustände des Geistes spielen in unserem Leben eine wichtige Rolle, denn wir sind permanent mit einem dieser Zustände konfrontiert: der Affengeist, der Expertengeist, der Elterngeist und der Anfängergeist. Aus dem heilsamen Zusammenspiel von Elterngeist und Anfängergeist ergibt sich ein fünfter geistiger Zustand, den ich den »Herz-Geist« nenne.

Der Affengeist

Du kennst bestimmt deinen Affengeist, der unruhig von Gedanke zu Gedanke hüpft? Er plappert unentwegt, begehrt, verurteilt, ist nie mit etwas zufrieden und lässt dich leiden. Er zeigt dir auf, was du nicht bist und was du nicht hast. Er orientiert sich am Mangel. Ich nenne ihn deshalb auch den hungrigen Geist, weil er nie satt wird und nicht genug bekommt. Der Affengeist schwingt sich also von einem Gedanken zum nächsten. Rastlos turnt er hin und her und weckt Begierde und Angst. Immer in der Vergangenheit oder in der Zukunft verhaftet, raubt er dir die Gegenwart. Dieser Geist ist unruhig. Er bekämpft und kritisiert. Er wertet, urteilt und trennt.

Du kannst deinen Affengeist leicht enttarnen, denn er offenbart sich unter anderem in nachfolgenden Bemerkungen oder Gedanken:

- Wenn ich erst einmal …, dann werde ich …
- Mir fehlt …
- Zuerst muss ich noch …
- Ich habe keine Zeit …
- Ich will …
- Ich muss …
- Ich darf nicht …
- Ich kann nicht …
- Ich bin nicht gut genug …
- Ich bin im Stress …
- Ich bin unter Druck …
- Warum immer ich …
- Das Leben ist nicht gerecht …
- Alle, nur ich nicht …

Für ein achtsameres Leben zügle deinen Affengeist:

- Bringe Klarheit in dein Leben.
- Schaffe dir jeden Tag kleine Inseln der Ruhe und Entspannung.
- Erledige immer nur eine Sache auf einmal.
- Reagiere nicht unmittelbar, sondern lasse dir Zeit, um eine Entscheidung zu fällen.

- Versuche, weniger zu planen.
- Erlaube dir, den Moment zu genießen.
- Kultiviere die geistige Haltung, dass das Glas halb voll ist!
- Erlaube dir, auch etwas nicht zu wissen und etwas nicht zu tun.
- Erfreue dich an kleinen Erfolgen.
- Führe dir immer wieder vor Augen, dass alle Menschen miteinander verbunden sind.
- Übernimm die Verantwortung für dein Leben.
- Akzeptiere, dass du Fehler machen wirst und dass du nicht perfekt bist.
- Erkenne, dass du bereits alles besitzt, was du für ein Leben in Fülle benötigst.
- Höre auf, es allen recht machen zu wollen.
- Löse dich von der irrigen Vorstellung und dem falschen Anspruch, von allen geliebt zu werden.

Der Expertengeist

Dein Expertengeist ist selbstbezogen, weiß immer alles besser und hat auf alles eine Antwort parat. Er trennt, fordert und ist gierig. Dieser Geist gaukelt dir vor, dass nur du weißt, wie etwas geht. Er ist eng, geizig und immer nur auf sein Wohl bedacht. Da er nicht mehr offen für neues Wissen ist, beraubt er dich neuer Erfahrungen und Erkenntnisse. Seine geistige Schale ist voll. Dieser

Geist fühlt sich nicht mehr angesprochen. Er genügt sich selbst und hat die Fähigkeit verloren, sich selbst zu beobachten, zu analysieren und zu korrigieren.

Auch der Expertengeist setzt sich in deinem Denken fest oder drückt sich in deiner Sprache aus. So zum Beispiel:

- Ich weiß, aber …
- Das habe ich mir verdient …
- Das habe ich schon immer so gemacht …
- Das macht man nicht … oder: Das gehört sich nicht …
- Das glaube ich nicht …
- Das habe ich nicht erwartet … oder: Damit habe ich nicht gerechnet …
- Solange es für mich reicht, …
- Nach mir die Sintflut.
- Geht nicht gibt's nicht.
- Geiz ist geil.
- Sind die anderen zu stark, bist du zu schwach.
- Jetzt bin ich aber an der Reihe …
- Jeder für sich.
- Ich erwarte von mir … oder: Ich erwarte von dir …

Für ein achtsameres Leben verringere deinen Expertengeist:

- Bleibe offen für Neues.
- Erfreue dich an Unerwartetem.
- Erledige auch Bekanntes und Vertrautes mit deiner ganzen Hingabe und Aufmerksamkeit, so, als wäre es das erste Mal.
- Führe alle Tätigkeiten mit Dankbarkeit und Bewusstheit aus.
- Verbinde dich mit den Menschen, die dich umgeben.
- Lasse die Menschen an deinem Wissen und deinem Erfolg teilhaben.
- Verlasse zwischendurch den Pfad deiner Gewohnheiten.
- Lasse dich nicht von der Routine oder von vorgefassten Ansichten leiten.
- Kultiviere eine Haltung der Toleranz.
- Sei demütig, bescheiden und großzügig.
- Löse dich von Erwartungen an dich selbst und an andere.
- Lerne, dir selbst und vor allem auch anderen zu vertrauen.
- Lasse den Anspruch auf Perfektion und Allgemeingültigkeit los.
- Übernimm Verantwortung für dein Denken, Fühlen und Handeln.
- Löse dich von alten Mustern.
- Erlaube dir, neue Wege zu gehen und neue Erfahrungen zu machen.

Der Elterngeist

Der Elterngeist in dir ist geduldig und nachsichtig. Er erkennt und nährt das Gute in dir und in jedem Wesen. Er ist verantwortungsbewusst, hat die Gabe, loszulassen, und fördert deine innere Freiheit. Er liebt bedingungslos, absolut und ohne Vorbehalte, und er erkennt das Positive in dir und in den anderen Menschen. Er ist beschützend, umsorgend, interessiert und von einer natürlichen Güte und Warmherzigkeit. Er kann mitfühlen, erklären und sich über Erfolge freuen.

Der Elterngeist kann sich folgendermaßen anhören:

- Du kannst …
- Du darfst …
- Ich bin für dich da, egal, was passiert …
- Du schaffst das …
- Wir finden eine Lösung …
- Das kriegen wir in den Griff …
- Geh deinen eigenen Weg …
- Triff deine eigenen Entscheidungen …
- Du kannst immer auf meine Hilfe zählen …
- Ich fühle mit dir …
- Ich danke dir …
- Das habe ich gern gemacht …
- Das ist doch selbstverständlich …

- Ich helfe …
- Ich erkläre es dir …
- Ich fühle mit dir …

Für ein achtsameres Leben kultiviere deinen Elterngeist:

- Entwickle Mitgefühl und Toleranz, auch wenn nicht immer alles nach Plan läuft.
- Sei geduldig mit dir und deinen Mitmenschen.
- Nähre das Gute, Heilsame und Förderliche in dir und den anderen.
- Setze dich für Gerechtigkeit ein.
- Kultiviere Frieden.
- Höre aufmerksam zu.
- Schenke jedem den gleichen Respekt.
- Respektiere andere Meinungen und Ansichten.
- Versuche, dich in andere Menschen hineinzuversetzen.
- Biete selbstlos deine Hilfe an.
- Denke in Lösungen und nicht in Problemen.
- Erlaube dir, groß zu denken.
- Vertraue auf deine Fähigkeiten.
- Verbinde dich mit deinem inneren edlen Kern, deiner wahren Natur, deiner Intuition.
- Schenke ohne Erwartung, und teile ohne Gegenleistung.

Der Anfängergeist

Der Anfängergeist zeigt sich in dir, wenn du offen und natürlich bist. Er ist mitfühlend, ursprünglich und achtsam. Er erlaubt dir, an eine Sache vorbehaltlos heranzugehen. Der Anfängergeist ist leer, frei von Erwartungen, frisch und lebendig. Er ist bereit, sich zu verändern und zu lernen, ist intuitiv, verbindend, dankbar und mitfühlend. In ihm ist kein Platz für Egozentrik oder Rechthaberei.

Der Anfängergeist macht sich in deinem Denken und in deiner Sprache so bemerkbar:

> Es ist gut so, wie es ist.
> Ich freue mich, egal, wie es wird …
> Ich glaube …
> Ich vertraue …
> Ich hoffe …
> Ich kann …
> Ich versuche …
> Ich bin offen für Neues …
> Ich liebe …
> Ich fühle …
> Ich bin …
> Ich nehme an …
> Ich höre zu …
> Ich bin präsent …
> Ich bin zufrieden …

Für ein achtsameres Leben fördere deinen Anfängergeist:

> Lasse dich immer wieder begeistern und überraschen.
> Probiere Neues aus.
> Liebe bedingungslos.
> Lasse alle Erwartungen an dich und das Leben los.
> Genieße den Moment.
> Erkenne das Positive.
> Schätze Direktheit, Ehrlichkeit und Offenheit.
> Nutze Chancen, die sich dir bieten.
> Nimm das Leben in seiner ganzen Fülle und Schönheit an.
> Sei du selbst.
> Lebe deine Kreativität.
> Lasse Vergangenes los.
> Verzeihe dir und anderen.
> Verliere dich nicht in Gedanken an die Zukunft. Du kannst Pläne schmieden, aber komme wieder in die Gegenwart zurück.

Dein Ziel ist es also, deinen Affengeist zu zügeln und deinen Expertengeist zu verringern. Gleichzeitig möchtest du deinen Elterngeist kultivieren und deinen Anfängergeist fördern, denn nur so gelingt es dir, deinen Herz-Geist zu berühren.

Der Herz-Geist

Der Begriff »Herz-Geist« hat eine sehr schöne und tiefe Bedeutung. Das chinesische Schriftzeichen für Achtsamkeit setzt sich aus den Worten »Jetzt« und »Geist« bzw. »Herz« zusammen. Mit dem Herzen und dem Geist im Hier und Jetzt anwesend zu sein, in den Moment zurückzukehren, das bedeutet Achtsamkeit. In der chinesischen Philosophie und Medizin sagt man, dass das Herz den Geist beheimatet bzw. den Geist nährt. Das Herz ist der Ort, an dem sich etwas bewegt, in ihm können wir die Auswirkungen des Geistes wahrnehmen. Achtsamkeit verhilft dir zu einer wirklichen Präsenz und zu mehr Energie im Augenblick. Sie ist die Erfahrung des Augenblicks, das Leben selbst. Der Herz-Geist entsteht genau dann, wenn Tun und Sein zusammenfallen. Er ist ein geistiger Zustand der reinen Wahrnehmung, des klaren Bewusstseins, dessen, was ist, frei von Kommentaren und Bewertungen, der immer dann eintritt, wenn das diskursive Denken erlischt. Jetzt tauchst du in das Leben ein. Erst in diesem Moment ist ein Leben deiner wahren Natur, deinem authentischen Selbst entsprechend möglich. Jeder Augenblick wird dann ein reiner Ausdruck der unbegrenzten Weisheit, der offenen Weite.

Den Herz-Geist im Alltag zu (er-)leben, bedeutet, dass du dich dem Fluss des Lebens anvertraust, nichts festhältst, nichts ergreifst, nichts wegstößt und nichts unterdrückst. Du bist einfach authentisch da! Und dieses Dasein ist die Kraft, die dich selbstbewusst, frei und unabhängig macht.

Erfolg ist,
mit dem LEBEN
eins zu sein.

Die Flussmeditation

Mit dieser schönen Übung kannst du deinen Herz-Geist wunderbar entwickeln und die Kunst der Achtsamkeit und des Loslassens weiter vertiefen. Die Flussmeditation hilft dir dabei, dich dem eigenen Lebensfluss anzuvertrauen, das Leben in der Gegenwart voll und ganz anzunehmen und es zu genießen. Du kannst den Text auch laut vorlesen und dich dabei auf deinem Smartphone aufnehmen. Auf diese Weise kannst du die Meditation jederzeit hören und dich besser auf sie einlassen.

Ablauf

Nimm deine bevorzugte Meditationshaltung im Sitzen ein. Schließe deine Augen, und entspanne deinen Körper. Atme ganz natürlich und entspannt durch die Nase ein und aus.

Stelle dir vor deinem geistigen Auge einen Fluss vor. Setze dich ans Ufer dieses Flusses, und beobachte die Strömung. Du siehst, wie das Wasser unaufhörlich an dir vorbeifließt.

Stehe auf, und gehe in den Fluss hinein. Spüre, wie das Wasser deine Füße umspült. Gehe tiefer in den Fluss hinein, weiter in Richtung der Strömung … weiter und weiter, bis dich das Wasser zu tragen beginnt.

Bremse nicht, und beschleunige nicht. Lasse dich einfach nur treiben. Lasse los, und vertraue dich deinem Lebensfluss voll und ganz an. Egal, wie sanft oder unruhig die Reise auf dem Fluss auch sein mag, nimm keinen Einfluss darauf. Du bleibst ruhig und entspannt, du lässt los und lässt dich treiben.

Wenn Gedanken, Emotionen, Sorgen oder Ängste in dein Bewusstsein treten, stoße sie nicht von dir weg. Verdränge sie nicht. Nimm sie an. Akzeptiere sie als einen momentanen Bestandteil deiner Situation, aber identifiziere dich nicht mit ihnen. Du bist mehr als deine Gedanken, Gefühle und Emotionen. Lasse sie bewusst los, lasse sie wie Vögel oder Wolken am Himmel vorbeiziehen.

Nimm dir Zeit, und erlaube dir, alles loszulassen, was dich beschäftigt, beunruhigt, ängstigt, stört oder dir Sorgen bereitet.

Lasse los, vertraue deiner wahren inneren Natur, deinem wahren Wesen, deinem wahren Selbst, deiner Intuition. Lasse dich in deinem Lebensfluss treiben, lasse alles los.

Loslassen … treiben lassen … loslassen und treiben lassen …

Genieße diesen Augenblick der Ruhe, der inneren Zufriedenheit, der Gelassenheit und der Harmonie. Du spürst die Energie, die Freiheit, das Vertrauen und die Zuversicht, die sich in deinem Körper und Geist entwickeln. Du spürst sie umso intensiver, je mehr du loslassen kannst.

Das Wichtigste ist: Sei jederzeit fähig, das loszulassen, was du bist, für das, was du werden kannst.

Mit dem Flügelschlag
eines Schmetterlings
VERÄNDERT
sich die ganze Welt.

Es ist üblich, dass Schüler des Zen mindestens zehn Jahre lang bei ihrer Meisterin studieren, bevor sie entweder auf Wanderschaft gehen oder selbst beginnen, andere Schüler in der Lehre zu unterrichten. Eine begabte Schülerin, die vor gut einem Jahr zur Lehrerin ernannt worden war, kehrte auf einen Besuch bei ihrer Meisterin in den Tempel zurück. Da es regnete, kam die Schülerin mit Holzschuhen und einem Regenschirm.

Die Meisterin freute sich über die Aufwartung ihrer ehemaligen Schülerin. Sie begrüßte sie respektvoll und erkundigte sich dann: »Du hast deine Holzschuhe, wie es die Tradition verlangt, im Vorraum des Meditationsraumes abgestellt. Bitte sage mir, ob du deinen Schirm links oder rechts davon platziert hast.« Die Schülerin hatte mit dieser Frage nicht gerechnet. Sie konnte sich nicht daran erinnern und schwieg betroffen.

In diesem Moment erkannte sie, dass sie ihre Achtsamkeit noch nicht in jedem Moment im Hier und Jetzt aufrechterhalten konnte. So entschied sie noch am selben Tag, weitere fünf Jahre bei ihrer Meisterin zu bleiben, um zu lernen, wie sie mit ihrem Geist wirklich in jedem Augenblick in der Gegenwart verweilen könnte.

Höchste *Kraft* entsteht nur dort, wo **KÖRPER** und **GEIST** im *Einklang* sind.

Ein Körper, der Bäume ausreißt,
ist STARK.
Ein Geist, der Berge versetzt,
ist UNBESIEGBAR.

Das 1x1 der Achtsamkeit für dein Zuhause

Es gibt unzählige Dinge in deiner Wohnung oder in deinem Haus, die deine achtsame Haltung fördern, bereichern und unterstützen, und es gibt solche, die dich stören, zerstreuen und ablenken. Ich gebe dir hier einen Überblick über die Maßnahmen und Gegenstände, die deine Achtsamkeit positiv beeinflussen und die dir dabei helfen werden, fokussiert, ruhig und gelassen zu bleiben.

Und so funktioniert es:

> Besitz besitzt dich. Gegenstände binden Energie. Sie müssen gereinigt, gepflegt oder gewartet werden. Entrümple regelmäßig, und lasse alles los, was du nicht mehr benötigst. Behalte nur das Wichtigste.

> Halte Ordnung. Dadurch konzentrierst du die Energie und verlierst keine Zeit beim Suchen. Jedes Ding hat seinen Platz. Wer suchen muss, ist nicht nur zerstreut und unachtsam, sondern auch zu faul zum Aufräumen.

> Schaffe Freiraum. Achte auf möglichst viele freie Flächen. Sie schenken dir Raum und Potenzial und ein Gefühl von Weite und Freiheit, und sie erleichtern dir das Saubermachen.

> Lasse es duften. Zeder, Sandelholz, Weihrauch, Rose, Neroli, Lavendel, Jasmin, Myrte oder Oregano beeinflussen deine Stimmung positiv. Dabei spielt es keine Rolle, ob du natürliches Räucherwerk abbrennen lässt oder dich für eine Duftlampe entscheidest, in der biologische ätherische Öle verdampfen.

> Halte es einfach. Schön arrangierte Blumengestecke und Bonsais geben eine klare Linie. Saisonale Blumen und Pflanzen schenken dir wertvolle Energie. Achte darauf, dass du möglichst beim Bio-Gärtner deines Vertrauens einkaufst und dass die Pflanzen nicht um die halbe Welt gereist sind.

> Weniger ist mehr. Wähle Bilder mit Bedacht, und dekoriere ganz dezent. Überlege dir, was du mit einem Gemälde, einem Kunstwerk oder einem Schmuckstück aussagen willst. Achte bewusst darauf, welche Qualitäten du förderst.

> Halte es natürlich. Warme, neutrale Farben und organische Formen sind perfekt. Arbeite mit starken Kontrasten, und wähle natürliche Werkstoffe wie z. B. Holz, Stein, Pflanzenfasern.

- Lasse es leuchten. Achte auf natürliche und sanfte Lichtquellen. Kerzen sind eine wunderbare Möglichkeit, stimmungsvolle und achtsame Momente zu zaubern.

- Qualität vor Quantität! Kaufe wenige, dafür hochwertige und funktionale Möbelstücke. Berücksichtige, wann immer möglich, einheimische Werkstätten und nachhaltige Materialen.

- Wie außen, so auch innen. Halte auch in Ordnern, Schränken und Regalen Ordnung. Fülle einzelne Dinge in Dosen, Kisten und Behälter, und beschrifte diese klar und deutlich. Das lässt ein einheitliches Bild entstehen und beruhigt nicht nur deine Augen, sondern wirkt auch klärend und entspannend auf deinen Geist.

- Lasse Ruhe zu. Verzichte ganz bewusst darauf, den Fernseher laufen zu lassen oder Musik zu hören, wenn du noch etwas anderes machst. Erlaube dir, auch den Computer und das Smartphone abzuschalten. Das fördert deine Sammlung und lässt dir Raum für Kreativität und Muße.

- Halte es sauber. Wische regelmäßig Staub, und wische auch die Böden feucht auf. Wechsle periodisch die Bade- und Handtücher und die Bettwäsche. Eine ordentliche und saubere Wohnung oder ein gepflegtes Haus beruhigt und zentriert deinen Geist.

AUF DEN PUNKT GEBRACHT:

Erschaffe dir ein Zuhause, das dir Raum zur Entfaltung lässt und deine Kreativität fördert. Kultiviere einen Ort der Klarheit, Schlichtheit, Schönheit und Freiheit. Nur in einem nicht überfüllten, sauberen und aufgeräumten Raum können Stille, Intuition und Bewusstheit entstehen. Sei dir im Klaren darüber, dass deine Wohnung nur das widerspiegelt, was du im Inneren fühlst, lebst und bist!

Das WUNDER der *Natur* liegt in der *Perfektion* des Augenblicks.

Zurück zu Balance und Kraft

Diese zehn einfachen Tipps helfen dir nicht nur, deine Aufmerksamkeit in den Moment zurückzuholen, sondern schenken dir auch sprudelnde Energie, die du im Alltag ganz bestimmt sehr gut gebrauchen kannst.

Und so geht es:

> Entwickle ein Gespür für den Moment! Halte immer wieder einmal inne, atme tief durch, und überprüfe, was du gerade tust.

> Gönne dir eine Pause, und genieße sie!

> Entspanne immer wieder deine Gesichtszüge, deine Schultern, deine Handflächen und deine Fußsohlen!

> Halte deine Wirbelsäule aufrecht!

> Erde dich über deine Füße, indem du deine Beine gleichmäßig belastest!

> Ersetze einen negativen Gedanken mit einem positiven!

> Tausche eine falsche Handlung durch eine richtige aus!

> Sage ganz einfach STOPP, wenn dein Geist zu viele (oder die falschen) Gedanken hervorbringt!

> Lerne, dich abzugrenzen. Sage NEIN!

> Lächle!

Komme immer wieder
in den GEGENWÄRTIGEN Moment
zurück, denn dort liegt der
Ursprung
deiner
wahren Kraft.

Die fünf Vertiefungen der Achtsamkeit

Auch diese stille Übung hilft dir dabei, dich mit dir selbst zu verbinden. Die wunderbare Meditation schenkt dir Gelassenheit, innere Ruhe und tiefen Frieden. Gerade in schwierigen Zeiten, wenn du deine Gefühle und Emotionen nicht mehr kontrollieren kannst, du dich machtlos fühlst, können dich die fünf Vertiefungen wieder zu innerer Balance und Stärke führen. So schaffst du Raum für Achtsamkeit, Ruhe, Klarheit und Präsenz. Du kannst den Text auch laut vorlesen und dich dabei auf deinem Smartphone aufnehmen. Dann kannst du die Meditation jederzeit hören und dich besser auf sie einlassen.

Ablauf

Setze dich aufrecht hin, und schließe deine Augen. Lasse deinen Atem ganz natürlich durch die Nase fließen.

Begleite deine Atmung im Geiste, indem du gedanklich beim Einatmen »ein« und beim Ausatmen »aus« sagst. Verweile für ein paar Atemzüge oder einige Minuten.

Vertiefe deine Atmung, indem du beim Einatmen gedanklich »tief«, beim Ausatmen »lang« wiederholst. Verweile für ein paar Atemzüge oder einige Minuten.

Fahre mit der Übung fort, indem du die beiden letzten Begriffe mit »ruhig« beim Einatmen und »leicht« beim Ausatmen ersetzt. Verweile für ein paar Atemzüge oder einige Minuten.

Sage nun ganz bewusst bei jeder Einatmung »lächeln«, und mit jeder Ausatmung sagst du gedanklich »frei«. Verweile für ein paar Atemzüge oder einige Minuten.

Vertiefe deine Achtsamkeit weiter, indem du beim Einatmen gedanklich »jetzt« und beim Ausatmen »wunderbar« wiederholst. Verweile für ein paar Atemzüge oder einige Minuten.

Beende die Übung, und integriere die gewonnenen Erkenntnisse in deinen Alltag.

DIE FÜNF VERTIEFUNGEN AUF EINEN BLICK:

EIN – AUS

TIEF – LANG

RUHIG – LEICHT

LÄCHELN – FREI

JETZT – WUNDERBAR

Bewusste
Wahrnehmung
VERÄNDERT
alles.

Eine junge Schülerin fragte die Meisterin: »Warum ist es so wichtig, dass man in der Gegenwart lebt?«

Die Weise erwiderte treffend: »Immer wenn wir depressiv sind, leben wir in der Vergangenheit. Immer wenn wir ängstlich sind, leben wir in der Zukunft. Nur dann, wenn wir Frieden erfahren, leben wir auch in der Gegenwart. Wenn Tun und Sein zusammenfallen, leben wir das Leben, die Gegenwart, den Moment – ganz aus uns selbst heraus!«

Achtsame Sätze für mehr Selbstbewusstsein

Diese kraftvollen Sätze helfen dir, wieder zu deiner starken Mitte, deiner ganzen Kraft zurückzufinden. Am besten liest du alle einmal durch und wählst ein bis drei Sätze aus, die im Moment am stärksten auf dich wirken bzw. die dich am meisten ansprechen. Schreibe die Sätze auf einen Zettel, und trage ihn stets bei dir. So hast du die starken Impulse immer griffbereit und kannst sie überall lesen.

> Ich bin bereit, mir selbst zu vergeben. Ich löse mich von der Vergangenheit und schenke mir damit Freiheit.

> Ich höre auf die Botschaften meines Körpers. Ich respektiere meine Grenzen und bin deshalb immer in meiner ganzen Kraft.

> Ich bin entschlossen, für meine Bedürfnisse einzustehen. Ich denke, spreche, fühle und handle so, wie ich es als richtig empfinde.

> Ich verbinde mich mit meinem Überbewusstsein, mit meinem höheren Selbst. Ich vertraue der Weisheit des Lebens, die mich trägt und führt.

> Ich spüre Verbundenheit und Anerkennung. Ich ziehe Menschen in mein Leben, die mich so respektieren, wie ich bin.

> Ich bin bereit, Erwartungen an mich loszulassen. Ich genieße das Spontane und lasse mich gern vom Leben überraschen.

> Ich weiß, dass ich alle Antworten auf meine Fragen in mir selbst trage. In der Ruhe und der Klarheit meines Geistes finde ich, wonach ich gesucht habe.

> Ich bin in meiner inneren Mitte und erlaube mir, meinen eigenen Weg zu gehen. Nur ich weiß, was mich körperlich und geistig in Balance hält.

> Ich erlaube mir, die Vergangenheit und die Zukunft loszulassen. Ich öffne mich für die Schönheit und die Kraft des Augenblicks.

> Ich glaube an das Gute, fördere das Positive und stärke das Schöne. Ich bin verbunden mit meinem inneren edlen Kern und lasse mich von meiner intuitiven Stimme leiten.

> Ich schenke mir Zuversicht und Selbstvertrauen. Ich entscheide mich für ein Leben in Unabhängigkeit und bedingungsloser Liebe.

> Ich nehme Leichtigkeit und Freude wahr. Ich kann jederzeit die Weichen in meinem Leben neu stellen.

> Ich kann mich entspannen und das Hier und Jetzt genießen. Ich bin in Resonanz mit der allumfassenden Güte und Gnade des Universums.

> Ich verdaue jedes Ereignis mit Leichtigkeit. Furchtlos und selbstbewusst gehe ich meinen Weg.

> Ich nehme Trost und Verbundenheit wahr. Meine Gedanken sind voller Mitgefühl und Dankbarkeit mir selbst gegenüber.

> Ich bin erfüllt von unendlicher Lebensfreude. Ich kenne meinen Platz in dieser Welt und darf das Leben lieben.

> Ich lebe in Übereinstimmung mit meiner wahren Natur. Mein Leben ist der kreative Ausdruck meines authentischen Seins.

> Ich erlaube mir, mich mit anderen Menschen zu verbinden. Ich lasse mir helfen und vertraue darauf, dass die Lösung bereits in mir ist.

> Ich erkenne, dass ich immer die Möglichkeit habe, mich zu verändern. Ich würdige den Einfluss, den ich auf mich habe, und erschaffe mir meine positive Welt.

> Ich verbinde mich mit meiner ganzen Lebenskraft. Ich lebe zielbewusst und selbstsicher aus der Fülle des Augenblicks.

- Ich erlaube mir, das Leben zu genießen. Ich bewege mich im harmonischen Rhythmus mit meinem Körper und meinem Geist.

- Ich respektiere meine Einzigartigkeit. Ich verbringe meine Zeit mit Menschen, die mich achten, wertschätzen und lieben.

- Ich öffne mich für körperliche und geistige Heilung. Ich schenke jeder Zelle Zufriedenheit, Gesundheit und Liebe.

- Ich übernehme Verantwortung für mein Handeln und mein Sein. Ich lebe achtsam und treffe weise und heilsame Entscheidungen, die im Einklang mit mir selbst sind.

- Ich darf loslassen und das Leben in seiner Fülle und Vielfalt annehmen. Ich sage »Ja« zum Leben und »Ja« zu mir selbst.

- Ich bin voller Zuversicht und Hoffnung. Mein Glaube und mein Vertrauen werden mich tragen. Ich bin aufgehoben im großen Ganzen.

- Ich bin stark und erreiche das, was ich mir vorgenommen habe. Ich bin entschlossen und willensstark und ergründe die Welt.

- Ich bestimme zu jedem Zeitpunkt selbst, wie es mir geht. Ich bin die Schöpferin meines Lebens. Mich erwartet Gutes.

ACHTSAMKEIT

ist der *Samen,* der alle Tugenden in dir *wachsen* und erblühen lässt.

Erkenne das Wesentliche!

Diese großartige Übung zu den drei Daseinsmerkmalen schult deine Wahrnehmung, schärft deinen Blick für das Wesentliche, vertieft deine Erkenntnis und Weisheit und verändert deine Sicht auf die Welt positiv. Sie hilft dir dabei, dich aus den alltäglichen Verstrickungen zu befreien, loszulassen, gelassen zu bleiben und Mitgefühl und Achtsamkeit zu entwickeln. Ich bin mir sehr wohl bewusst, dass die Auseinandersetzung mit den drei Daseinsmerkmalen nicht ganz einfach ist. Ich bin aber davon überzeugt, dass ein tiefes Verständnis dessen unumgänglich ist, vor allem dann, wenn du das Thema »Achtsamkeit« nicht nur oberflächlich angehen möchtest, sondern bereit bist, in die Tiefe zu tauchen. Unachtsamkeit gedeiht auf dem Boden der Unwissenheit. So viel Leid, Ablehnung, Gier, Hass und Missverständnisse entstehen, weil wir uns nicht oder zu wenig mit diesen Merkmalen beschäftigen und auseinandersetzen. Lasse mich dir deshalb vorab noch ein paar Hintergrundinformationen geben, damit wir die Wurzel des Leidens gemeinsam ausreißen und du dich an der wahren Blüte der Achtsamkeit erfreuen kannst. Die drei Daseinsmerkmale stehen für die drei Grundgesetze des Lebens, und sie sind jedem Wesen zu eigen.

Erstes Daseinsmerkmal: die Unbeständigkeit

Alles ist einem steten Wandel unterworfen. Nichts bleibt für immer. Alles ist vergänglich. Das heißt, jedes Wesen durchlebt den Zyklus von Geburt, Krankheit, Alter und Tod. Das Gesetz der Unbeständigkeit bezieht sich auf die belebte und die unbelebte Natur. Materie kann in Energie und Energie in Materie umgewandelt werden. Und gerade, weil sich alles verändert und nur eine beschränkte Lebensdauer hat, haften wir an den Eindrücken, den Ereignissen, am Besitz und an unserem Selbst. Aus Unwissenheit können und wollen wir nicht akzeptieren, dass nichts für die Ewigkeit bestimmt ist. Und so nähren wir falsche Erwartungen und Hoffnungen und halten am Unbeständigen fest. Wir erzeugen eine falsche Sicht auf die Welt und Sehnsüchte, die nie gestillt werden können. Der einzige Weg aus dieser falschen Wahrnehmung führt uns dazu, dass wir uns dieser Wirklichkeit stellen und erkennen, dass nichts so bleibt, wie es ist. Alles ist im Fluss, in ständiger Wandlung, und alles ist deshalb unbeständig und vergänglich.

Zweites Daseinsmerkmal: die Unzulänglichkeit

Nichts stellt für immer zufrieden. Unzufriedenheit und das damit verbundene Leiden sind allgegenwärtig. Du kannst diese Wahrheit aufgrund der ersten Wahrheit über die Unbeständigkeit nun besser nachvollziehen. Im Kern ist also das Unbeständige die Ursache unseres Leidens oder unserer Unzufriedenheit. Das Leiden beginnt mit unserer Ignoranz der Wirklichkeit. Wir sind stets auf der Suche nach Menschen, Werten und Dingen, die uns anhaltendes Glück bringen sollen. Wir können Glück für einen Tag, einen Monat oder einige Jahre erfahren, doch wenn sich das Glück wandelt oder endet, kommen unsere Probleme und Ängste wieder. Erweitert können wir das Leiden aufschlüsseln und dabei festhalten: Leiden sind Leben, Alter, Krankheit und Tod. Leiden ist aber auch das Getrenntsein von dem, was wir lieben, oder das Zusammensein mit dem, was wir nicht lieben. Leiden bedeutet, nicht das zu bekommen, was wir wollen, aber auch das zu bekommen, was wir nicht wollen. Glück verwandelt sich in Leiden, weil wir es festzuhalten versuchen.

Drittes Daseinsmerkmal: die Substanzlosigkeit

Wenn du die beiden ersten Gesetze in ihrer Essenz verstanden hast, liegt es auf der Hand, dass nichts eine eigenständige und dauerhafte Substanz aufweisen kann und dass somit eine Identifikation mit einem Ich, einem Selbst, nicht haltbar ist. Nichts entsteht aus sich selbst heraus. Alles entsteht in gegenseitiger Abhängigkeit voneinander. Es existiert also kein fester Wesenskern. Nichts, was existiert, hat ein festes Selbst. Das, was wir gemeinhin als Selbst, als Ich, bezeichnen, ist eine Ansammlung von sich stetig verändernden körperlichen und geistigen Bestandteilen. Der Glaube und das Festhalten an einem gleich bleibenden Ich stellen somit die größte Täuschung dar.

Es ist also von großer Bedeutung, dass du dein abstraktes Verständnis mittels tiefer Meditation zur Einsicht und dann zur Integration in den Alltag führst. Die folgende Übung wird dir dabei helfen. Auch diesen Text kannst du laut vorlesen und dich dabei auf deinem Smartphone aufnehmen, damit du dich später ganz auf den Inhalt der Übung konzentrierst.

Ablauf

Nimm deine bevorzugte Meditationshaltung im Sitzen ein. Schließe deine Augen, und entspanne deinen Körper. Richte deine Achtsamkeit auf die Atmung. Atme während der gesamten Übung entspannt und ruhig durch die Nase ein und aus.

Lasse deine Gedanken wie Wolken oder Vögel am Himmel vorbeiziehen. Finde zu körperlicher und geistiger Ruhe.

Reflektiere über die Unbeständigkeit. Alles ist einem steten Wandel unterworfen, nichts bleibt für immer. Alles ist vergänglich, unbeständig und verändert sich. Alles ist im Fluss, nichts bleibt, wie es ist. Lasse los!

Reflektiere über die Unzulänglichkeit. Nichts stellt für immer zufrieden. Unzufriedenheit ist allgegenwärtig. Bleibe gelassen!

Reflektiere über die Substanzlosigkeit. Nichts existiert aus sich selbst heraus. Alle Dinge entstehen in gegenseitiger Abhängigkeit voneinander. Alles ist mit allem und jedem verbunden. Sei achtsam und mitfühlend!

Sage zu dir selbst: »Ich kann annehmen und loslassen. Ich bleibe achtsam und unberührt. Ich bin mehr als meine Gedanken, meine Gefühle und meine Körperempfindungen. Ich bin mir meines edlen Kerns bewusst. Ich bin von Natur aus ein wahres Wesen. Ich lebe aus meiner inneren Mitte und meiner Kraft.«

Beende die Übung, wann immer du möchtest.

Die Kraft der *Stille* bringt dich in den *Augenblick* zurück.

Eine Schülerin, die gerade von ihrer Studienreise zurückgekehrt war, berichtete ihrer Meisterin von einem Erlebnis, das sie sehr beschäftigte.

Sie erzählte voller Faszination: »Meisterin, als ich in den Bergen Chinas war, begegnete ich einem alten, weisen Mann, der die Fähigkeit besaß, in die Zukunft zu schauen. Er lehrte diese Fertigkeit sogar seinen Schülern!«

Die Meisterin antwortete gelassen: »Das ist nicht schwer, das kann jeder. Mein Weg ist viel komplizierter und anspruchsvoller!« Ungläubig sah die Schülerin sie an und erkundigte sich: »Ach ja, wie ist dann dein Weg?« – »Ich bringe meinen Schülern bei, die Gegenwart zu sehen!«, erwiderte die Meisterin mit einem Lächeln im Gesicht.

Leben ist die BEGEGNUNG mit dem Augenblick.

Fit im Kopf

Diese drei Übungen helfen dir dabei, einen klaren und kühlen Kopf zu bewahren und negative, destruktive Gedankengänge und Gewohnheiten zu unterbrechen. Im Gegenzug entwickelst du Ruhe, Klarheit und innere Kraft, um wieder ganz in der Gegenwart anzukommen. Deine Gedanken haben einen direkten Einfluss darauf, wie du dich fühlst und wie du handelst. Es lohnt sich also, deinen Geist zu trainieren, um selbst zu bestimmen, was du denkst, wie du fühlst und wie du handelst. Mit deinen Gedanken erschaffst du die Welt, und in dem Moment, in dem du dein Denken veränderst, veränderst du die Welt.

Das Kraftwort »Stopp«

Es ist wichtig, zu lernen, dass du deinen Gedanken nicht hilflos ausgeliefert bist. Im Alltag verlieren wir uns oft in Gedanken an die Vergangenheit oder steigern uns in eine Situation hinein, die noch nicht einmal eingetreten ist. Durchbrich dieses Gedankenkarussell, und sage entweder laut oder in Gedanken klar, selbstbewusst und überzeugend »Stopp«. Dabei geht es nicht darum, dass du dich selbst verurteilst oder deine Gedanken bewertest. Das einzige Ziel, das du erreichen möchtest, ist, wieder ganz ins Hier und Jetzt zurückzukehren. Wenn du das Kraftwort »Stopp« regelmäßig anwendest, trainierst du deinen Geist so, dass du jederzeit die Möglichkeit hast, zu bestimmen, was und wie du denken willst. Du kannst diese wirkungsvolle Technik auch im Alltag anwenden: Sage zwischendurch immer mal wieder »Stopp«, und unterbrich die Tätigkeit, die du gerade ausführst. Konzentriere dich dann nur auf deine Atmung, und nimm dabei deinen Geist und deinen Körper wahr. Verweile so lange, wie du möchtest, und nimm danach deine Arbeit mit neuer Kraft wieder auf.

Das Achtsamkeitswort »Jetzt«

Ich habe bereits erwähnt, dass dein Leben nur im Hier und Jetzt stattfindet. Und nur in diesem Augenblick hast du Zugang zu deiner ganzen Kraft. Gedanken an die Vergangenheit können wütend, traurig und betrübt machen. Gedanken an die Zukunft können verunsichern, ängstigen und beunruhigen. Das Achtsamkeitswort »Jetzt« bringt dich genau in diesen Moment, in diesen Augenblick zurück. Auch bei dieser Übung ist es entscheidend, dass du dich und die Situation weder bewertest noch verurteilst. Halte also dort, wo du dich gerade befindest, inne, und nimm wahr, was du jetzt gerade tust. Was machst du in diesem Augenblick? Welche Gedanken hast du in diesem Moment? Antworte mit Sätzen, die mit dem Wort »Jetzt« beginnen: »Jetzt denke ich …« Welche Gefühle hast du gerade?

Antworte wieder mit Sätzen, die mit »Jetzt« beginnen: »Jetzt fühle ich …« Welche Tätigkeiten führst du in diesem Augenblick aus? Auch dieses Mal wählst du Sätze, die mit »Jetzt« beginnen: »Jetzt mache ich …« Je öfter du diese Übung praktizierst, desto mehr Bewusstheit erlangst du. Je bewusster du bist, desto klarer kannst du wahrnehmen, was geschieht und wie du darauf reagieren möchtest. Diese Achtsamkeit schenkt dir Freiheit, Gelassenheit und die Kraft der Eigenverantwortung.

Gedanken etikettieren

Diese interessante Übung macht richtig Spaß. Es geht darum, dass du deine Gedanken etikettierst. Du kennst das bestimmt aus dem Supermarkt: Die Verkäuferin versieht jeden Artikel mit einem Preisaufkleber. Genauso machst du das jetzt mit jedem einzelnen deiner Gedanken.

Dazu stelle ich dir drei verschiedene Varianten vor. Nimm für alle Übungen deine bevorzugte Meditationshaltung im Sitzen ein. Schließe die Augen, entspanne deinen Körper, und richte deinen Fokus auf deine Atmung. Wenn ein Gedanke aufkommt, hast du drei Möglichkeiten:

Methode 1: Die Zeit etikettieren
Hier überprüfst du jeden Gedanken auf seine Zeit und klebst dann mental das Etikett »VERGANGENHEIT«, »ZUKUNFT« oder »NICHT HIER« darauf. Verweile mindestens 5–10 Minuten.

z. B.: Früher war alles besser. (= VERGANGENHEIT)
z. B.: Ich muss noch die Blumen gießen. (= ZUKUNFT)
z. B.: Mein Bauch knurrt. (= NICHT HIER – obwohl das in der Gegenwart geschieht, ist dein Fokus nicht mehr auf die Atmung gerichtet!)

Methode 2: Das Gefühl etikettieren
Bei dieser Variante überprüfst du jeden Gedanken auf das Gefühl, das mit ihm transportiert wird. Du klebst dann in Gedanken das jeweilige Gefühlsetikett daran. Verweile mindestens 5–10 Minuten.

z. B.: Ich will nicht zum Arzt. (= ANGST)
z. B.: Ich habe Rückenschmerzen. (= UNRUHE)
z. B.: Ich mag diesen Film. (= FREUDE)

Identifiziere dich jedoch nicht mit dem Gefühl. Etikettiere z. B. nur Freude, Wut, Ärger, Liebe, Mitgefühl, Angst, Sorge, aber nicht »Ich freue mich«, »Ich bin wütend« oder »Ich bin ängstlich«.

Methode 3: Die Wirkung etikettieren

Bei dieser Variante überprüfst du jeden Gedanken auf seine Wirkung und klebst dann mental das Etikett »HEILSAM«, »UNHEILSAM« oder »NEUTRAL« auf. Verweile mindestens 5–10 Minuten. Diese Variante erfordert besonders viel Aufmerksamkeit und Reflexionsfähigkeit von dir. Sie ist eine große Herausforderung, lasse dich aber nicht abschrecken. Zu Beginn braucht es etwas Übung, bis du dir bei jedem Gedanken seiner Wirkung bewusst bist. Wenn dir das immer besser gelingt, gewinnst du an Selbstsicherheit und Selbstvertrauen. Du lernst zudem, heilsame und neutrale Ursachen zu setzen und unheilsame zu vermeiden.

z. B.: Frau XY ist eine blöde Kuh. (= UNHEILSAM)
z. B.: Ich schenke Frau XY das nächste Mal ein Lächeln. (= HEILSAM)
z. B.: Frau XY wohnt neben mir. (= NEUTRAL)

Jeder ACHTSAME *Schritt* bringt dich der *Erkenntnis* ein Stück näher.

Alles ist gut so, wie es ist

Dies ist eine wundervolle Achtsamkeitsmeditation. Zuerst braucht es vielleicht etwas Übung, bis du dich ganz auf sie einlassen kannst. Nach etwas Training wirst du dir aber auch im Alltag bewusst sein, dass alles einer steten Veränderung unterworfen ist. Du wirst dich immer weniger mit deinem Körper, deinen Gefühlen oder deinen Gedanken identifizieren, und das macht wahrhaftig frei und glücklich!

Du kannst den Text laut vorlesen und dich dabei auf deinem Smartphone aufnehmen. Auf diese Weise gelingt es dir, dich ganz auf die Wahrnehmungsschulung einzulassen. Verweile pro Wahrnehmung mindestens 3–5 Minuten.

Ablauf

Nimm deine bevorzugte Meditationshaltung ein. Schließe deine Augen, und lasse deinen Atem entspannt durch die Nase fließen.

Werde dir deiner Ein- und Ausatmung bewusst. Atme achtsam ein und aus, ohne in den natürlichen Fluss einzugreifen. Deine Atmung vertieft sich von ganz allein und lässt deine körperlichen und geistigen Aktivitäten zur Ruhe kommen.

Richte deine Aufmerksamkeit gelassen und wertfrei zuerst auf deinen Körper, dann auf deine Gefühle und zum Schluss auf deine Gedanken. Benenne gedanklich das Erfahrene so kurz und präzise wie möglich. Versuche, dich nicht mit deinem Körper, deinen Gefühlen oder deinen Gedanken zu identifizieren. Sei dir zu jeder Zeit bewusst, dass alles einem steten Wandel unterworfen ist. Sage zu dir selbst: »Ich bin nicht mein Körper. Ich bin nicht meine Gefühle. Ich bin nicht meine Gedanken. Das alles ist nicht mein Selbst. Es gehört mir nicht.« Bleibe während der Übung unabhängig und frei.

Beginne mit deinem Körper: Was nimmst du wahr, wenn du dich auf deinen Körper konzentrierst? Benenne z. B. die Wärme im Bauch einfach nur mit dem Wort »Wärme« oder den Schmerz im linken Knie mit »Schmerz«. Wenn es dir schwerfällt, deine Wahrnehmung konkret zu benennen, sage ganz einfach »spüren, spüren, spüren«. Lenke jetzt deine Wahrnehmung auf deinen Körper …

Überprüfe nun deine Gefühle: Was nimmst du wahr, wenn du dich auf deine Gefühle konzentrierst? Benenne zum Beispiel die Gefühle, die in dir aufsteigen, mit »Langeweile«, »Glück«, »Frieden«, »Angst«, »Unmut«, »Hunger«, »Müdigkeit«. Wenn es dir schwerfällt, deine Wahrnehmung konkret zu benennen, sage ganz einfach »fühlen, fühlen, fühlen«. Lenke jetzt deine Wahrnehmung auf deine Gefühle …

Lenke deine Aufmerksamkeit auf deine Gedanken: Was nimmst du wahr, wenn du dich auf deine Gedanken konzentrierst? Benenne deine Gedanken, indem du sie auf ihre Wirkung überprüfst, und sage »heilsamer Gedanke« oder »unheilsamer Gedanke«. Wenn es dir schwerfällt, deine Wahrnehmung konkret zu benennen, sage ganz einfach »denken, denken, denken«. Lenke jetzt deine Wahrnehmung auf deine Gedanken …

Sei dir auch im Alltag bewusst, dass sich alles stets verändert. Versuche, dich immer weniger mit deinem Körper, deinen Gefühlen oder deinen Gedanken zu identifizieren. Genieße noch einen Augenblick der Ruhe und der inneren Zufriedenheit. Du spürst die Energie, die Freiheit, das Vertrauen und die Zuversicht, die sich in deinem Körper und Geist entwickeln, je öfter es dir gelingt, loszulassen.

Nur in der *Gegenwart* finden KÖRPER und GEIST *zusammen.*

In Harmonie mit dem Körper

Achtsamkeit hilft dir, auch kleine und unscheinbare Körpersignale wahrzunehmen. Die Reise, die ich dir nun vorstelle, verbindet Körper und Geist und bringt dich behutsam in den Augenblick und in deine Kraft zurück.

Das innere Lächeln

Diese stille Übung ist äußerst kraftvoll. Sie lässt deine Energien wieder fließen und bringt wertvolle und heilsame Informationen zu jeder Zelle. Sie schenkt dir innere Zufriedenheit sowie Harmonie und stärkt nicht nur deinen Körper, sondern auch deinen Geist. Du kannst nach jedem Abschnitt der Körperreise für einen kurzen Moment innehalten, die Augen schließen und dem jeweiligen Organ 1–3 Minuten lang ein Lächeln schenken. Lies den Text laut vor, und nimm dich dabei auf deinem Smartphone auf. Auf diese Weise kannst du beim Zuhören noch tiefer und bewusster in die Reise eintauchen.

Ablauf
Nimm deine bevorzugte Meditationshaltung ein. Schließe deine Augen, und lasse deinen Atem entspannt durch die Nase fließen.

Wir starten unsere Reise im Frühling, der dem Element Holz zugeordnet wird. Die Eigenschaften körperlicher und geistiger Natur des Holzes sind: Beweglichkeit, Neubeginn, Aufrichtigkeit, Entfaltung, Dynamik, Entschlussfreude und Flexibilität. Dem Element Holz ist die Leber zugeordnet. Deine Leber beheimatet das Gefühl der Wut. Wut verteidigt. Du brauchst diese Fähigkeit, aber am richtigen Ort, zum richtigen Zeitpunkt und im richtigen Maß. Schenke dem Gefühl der Wut ein Lächeln. Schenke deiner Leber ein Lächeln, und harmonisiere dadurch die Emotion Wut. Durch die positive und heilsame Energie des inneren Lächelns kannst du Wut, Ärger, Aggression und Konflikte wahrnehmen und offen ausdrücken. Du öffnest dich für neue Ideen und Möglichkeiten. Du lebst deine Kreativität und erkennst Chancen, die sich dir bieten. Du triffst selbstständig Entscheidungen und übernimmst die Verantwortung für dein Leben. Schenke deiner Leber ein Lächeln.

Nach dem Frühling kommt der Sommer. Der Sommer wird dem Element Feuer zugeordnet. Die Eigenschaften körperlicher und geistiger Natur des Feuers sind: Kraft, Ausdehnung, Wachstum, Aufstieg, Energie und Gestaltung. Dem Element Feuer ist das Herz zugeordnet. Dein Herz beheimatet das Gefühl der Freude. Freude baut auf.

Du brauchst diese Fähigkeit, aber am richtigen Ort, zum richtigen Zeitpunkt und im richtigen Maß. Schenke dem Gefühl der Freude ein Lächeln. Schenke deinem Herzen ein Lächeln, und harmonisiere dadurch die Emotion Freude. Durch die positive und heilsame Energie des inneren Lächelns kannst du deine Spontaneität entfalten, Initiative ergreifen, deine Meinung klar zum Ausdruck bringen und deine Natürlichkeit und Freude im Alltag leben. Schenke deinem Herzen ein Lächeln.

Auf den Sommer folgt der Spätsommer, der dem Element Erde zugeordnet wird. Die Eigenschaften körperlicher und geistiger Natur der Erde sind: Stabilität, Bodenständigkeit, Verwurzelung, Zentriertheit, Reifung und Ernte. Dem Element Erde ist der Milz zugeordnet. Deine Milz beheimatet das Gefühl der Sorge. Sorge verbindet und fühlt mit. Du brauchst diese Fähigkeit, aber am richtigen Ort, zum richtigen Zeitpunkt und im richtigen Maß. Schenke dem Gefühl der Sorge ein Lächeln. Schenke deiner Milz ein Lächeln, und harmonisiere dadurch die Emotion Sorge. Durch die positive und heilsame Energie des inneren Lächelns bist du innerlich und äußerlich stabil. Du hast die Geduld, Sachen bis zum Abschluss zu bringen. Du verstehst komplexe Zusammenhänge und kümmerst dich um deine Beziehungen. Du lebst Mitgefühl und hast die Gabe, für Gerechtigkeit einzustehen und einen harmonischen Ausgleich zu schaffen. Schenke deiner Milz ein Lächeln.

Nach dem Spätsommer kommt der Herbst. Der Herbst wird dem Element Metall zugeordnet. Die Eigenschaften körperlicher und geistiger Natur des Metalls sind: Verdichtung, Regulation, Regeneration, Trennung, Wandlung und Veränderung. Dem Element Metall ist die Lunge zugeordnet. Die Lunge beheimatet das Gefühl der Trauer. Trauer lässt los. Du brauchst diese Fähigkeit, aber am richtigen Ort, zum richtigen Zeitpunkt und im richtigen Maß. Schenke dem Gefühl der Trauer ein Lächeln. Schenke deinen Lungen ein Lächeln, und harmonisiere dadurch die Emotion Trauer. Durch die positive und heilsame Energie des inneren Lächelns hast du die Fähigkeit, dich auf das Wesentliche zu konzentrieren. Du kannst Prioritäten setzen, hast den Mut, zu delegieren, und kannst klare Entscheidungen treffen. Du bist bereit, Vergangenes, Altes und Überholtes loszulassen. Du kannst deinen Gefühlen einen natürlichen Ausdruck verleihen und bist in der Lage, Nähe und Distanz klar einzuhalten. Schenke deinen Lungen ein Lächeln.

Auf den Herbst folgt der Winter, die letzte Station auf unserer inneren Reise. Der Winter wird dem Element Wasser zugeordnet. Die Eigenschaften körperlicher und geistiger Natur des Wassers sind: Rückzug, Stille, Fließen, Klarheit, Besinnung, Neuorientierung und Speicherung. Dem Element Wasser sind die Nieren zugeordnet. Deine Nieren beheimaten das Gefühl der Angst. Angst schützt. Du brauchst diese Fähigkeit, aber am richtigen Ort, zum richtigen Zeitpunkt und im richtigen Maß. Schenke dem Gefühl der Angst ein Lächeln. Schenke deinen Nieren ein Lächeln, und harmonisiere dadurch die Emotion Angst. Durch die positive und heilsame Energie des inneren Lächelns kannst du auf dein wahres Potenzial zurückgreifen. Du hast die Fähigkeit, dich zu entspannen, wahrzunehmen und dich selbst zu beobachten, zu analysieren und zu korrigieren. Du bist dir selbst genug, kannst allein sein und das genießen, was du hast und was du bist. Du bist im Fluss mit dir selbst, mit deinen Mitmenschen und mit dem Leben. Schenke deinen Nieren ein Lächeln.

In deinem Lächeln verbirgt sich eine große Kraft. Sei dir dieser positiven Energie auch im Alltag bewusst. Schenke dir und anderen öfter einmal ein Lächeln. Ein Lächeln kostet nichts. Es enthält aber einen Schatz, der für dich und andere von unermesslichem Wert ist.

FÜGE ALLEM,
was du tust, ein
Lächeln
hinzu.

Eine achtsame Brücke bauen

Dein Atem ist die Brücke zwischen deinem Körper und deinem Geist. Die verschiedenen Techniken, die ich dir vorstelle, schaffen eine klare Präsenz und verbinden dich mit dem Hier und Jetzt. Sie stärken zudem deinen gesamten Körper, schenken dir Energie und zentrieren deinen Geist.

Nimm für alle Übungen eine aufrechte und stabile Haltung im Sitzen ein. Schließe deine Augen. Entspanne deinen Körper, und atme ganz bewusst und hörbar dreimal tief durch die Nase ein und durch den Mund aus. Atme dann nur noch ganz natürlich durch die Nase ein und aus. Suche dir eine Atemtechnik aus, und verweile mindestens 5–10 Minuten dabei.

Variante 1: Atem wahrnehmen

Begleite deine Atmung geistig, indem du beim Einatmen denkst: »Ich atme ein«, und beim Ausatmen: »Ich atme aus.«

Variante 2: Einen Punkt fixieren

Lenke deine Achtsamkeit, deinen inneren Fokus auf die Nasenspitze. Halte deine Augen geschlossen. Atme ein und aus.

TIPP:

Wenn dir der Fokus auf die Nasenspitze schwerfällt oder du das Gefühl hast, dass du dich verspannst oder verkrampfst, kannst du deine Aufmerksamkeit auch auf den Punkt in der Mitte zwischen Oberlippe und Nase lenken.

Variante 3: Temperaturunterschied

Richte deine Aufmerksamkeit auf deine Nasenlöcher. Halte deine Augen geschlossen, und versuche, den Temperaturunterschied zu erspüren, der beim Ein- und Ausatmen entsteht. Nimm die eher kühlere Luft beim Einatmen wahr und die angewärmte Luft beim Ausatmen.

Variante 4: Loslassen

Lenke bei dieser Übung deinen Fokus auf die Ausatmung. Das Einatmen geschieht von ganz allein. Erzwinge nichts, sondern versuche, einfach mit jedem Ausatmen ganz bewusst loszulassen.

Variante 5: Vier Phasen der Atmung

Normalerweise nimmst du nur zwei Phasen wahr, wenn du atmest. Das sind deine Ein- und deine Ausatmung. Deine Atemzüge bestehen jedoch aus vier Phasen: Phase 1 ist die Einatmung und Phase 2 die Pause nach der Einatmung, die Atemfülle. Phase 3 wiederum ist die Ausatmung, und als letzte Phase folgt die Pause nach der Ausatmung, die Atemleere. Nimm ganz entspannt und natürlich jede dieser Phasen wahr. Versuche, nicht einzugreifen oder eine Phase zu verlängern oder zu verkürzen.

Variante 6: Atem zählen

Das Atemzählen hat eine lange Tradition in der Achtsamkeitsschulung. Dazu stelle ich dir verschiedene Möglichkeiten vor. Bei den ersten drei zählst du immer nur bis 10, nicht weiter. Solltest du dich verzählen, startest du wieder bei 1.

- > Zähle nur deine Einatmung: einatmen, 1, ausatmen, einatmen, 2, ausatmen …
  Diese Übung hilft dir bei Zerstreuung und Unruhe.

- > Zähle nur deine Ausatmung: einatmen, ausatmen, 1, einatmen, ausatmen, 2 …
  Diese Übung hilft dir bei geistiger Müdigkeit und Schläfrigkeit.

- > Zähle deine Ein- und Ausatmung: einatmen, 1, ausatmen, 2, einatmen, 3, ausatmen, 4 …
  Diese Übung hilft dir bei geistiger Unruhe, aber auch bei Müdigkeit und Unkonzentriertheit.

- > Zähle von 100 bis 0 rückwärts, und zähle immer nur deine Ausatmung: einatmen, ausatmen, 100, einatmen, ausatmen, 99, einatmen, ausatmen, 98 …
  Solltest du dich verzählt haben, startest du wieder bei 100.

Ein eifriger Mönch übte Tag und Nacht. Er war bestrebt, die Lehre Buddhas zu verwirklichen und Erleuchtung zu erlangen. Der Orden der Gemeinschaft zählte bereits sehr viele Mitglieder, und es war nötig, dass ein ausführliches Regelwerk den Umgang der Mönche untereinander bestimmte.

Der eifrige Mönch war aber nicht in der Lage, sich über zweihundert Regeln zu merken, und bat Buddha um Rat. Der Meister erkannte, wie gewissenhaft sein Schüler seine Lehre verfolgt, und kürzte das Regelwerk für ihn auf zehn Regeln. Motiviert übte der Mönch weiter, doch schon nach wenigen Tagen stand er erneut hilf- und ratlos vor dem Erhabenen. Er konnte sich auch diese zehn Regeln nicht merken.

Bestürzt über sein Versagen, wollte der Mönch die Gemeinschaft verlassen. Buddha aber sprach zu ihm: »Bist du in der Lage, dir eine einzige Regel zu merken?« – » Ja, Meister, ganz gewiss bin ich dazu fähig!«, gab der Schüler hoffnungs- und erwartungsvoll zur Antwort. »Gut«, sprach Buddha, »sei achtsam!«

Loslassen muss man WOLLEN.

Harmonie und Respekt im Miteinander

Wir alle sehnen uns nach einer perfekten Beziehung, die uns erfüllt, vereint und glücklich macht. Wir wünschen uns bedingungslose Liebe, endloses Vertrauen und tiefe Harmonie. Für eine lang anhaltende, respektvolle und glückliche Beziehung müssen aber beide Seiten bereit sein, ihren Teil beizutragen. Wir können nicht erwarten oder sogar verlangen, dass unser Partner uns glücklich und zufrieden macht. Wir selbst sind dafür verantwortlich. Es ist entscheidend, dass du bei dir beginnst und dich fragst: Bin ich ein guter Partner? Möchte ich mit mir zusammenleben? Halte ich es mit mir aus? Die nachfolgenden Leitsätze helfen dir, genau das zu überprüfen und zu kultivieren. Denn das Gesetz der Resonanz besagt: Du kannst immer nur das anziehen, was du selbst ausstrahlst!

Der erste Satz der Leitsätze zum Reflektieren bezieht sich immer auf deinen Partner oder deine Partnerin. Er beschreibt das, was du zu geben oder zu empfangen bereit sein solltest. Es ist eine Aufforderung, die dich zum Reflektieren anregen darf und soll. Hinterfrage kritisch, wie weit du diese im Alltag in deiner Partnerschaft bereits umsetzt. Ist diese Umsetzung an Bedingungen geknüpft? Oder hängt sie von deiner jeweiligen Stimmung ab? Überlege dir, was du verändern möchtest, um in diese geistige Haltung, in diese positive, heilsame und achtsame Energie zu kommen. Der jeweils zweite Satz wirft dich im Grundsatz auf dich selbst zurück. Was bedeutet diese Haltung konkret für dich? Bist du bereit, so klar zu denken, zu fühlen und zu handeln? Was löst diese Aussage in dir aus?

Du kannst diese Sätze in Ruhe durchlesen. Vielleicht sprechen dich einer oder mehrere direkt an. Verweile dann einen Moment, und überprüfe deine Haltung bzw. deine Meinung dazu. Du kannst auch einen oder mehrere Sätze auf einem Zettel notieren und dich bei einer Tasse Tee oder einem Glas Rotwein mit deinem Partner oder deiner Partnerin darüber austauschen. Es ist hilfreich und für einen respektvollen Umgang miteinander unumgänglich, zu erfahren, welche Ansichten, Wertvorstellungen und Meinungen dein Gegenüber hat. Bitte beachte bei eurem Gespräch unbedingt die folgenden »Spielregeln«, die nicht nur bei dieser Übung, sondern ganz allgemein in allen zwischenmenschlichen Beziehungen von essenzieller Bedeutung sind.

Das ist wichtig:

- Formuliere Aussagen in Ich-Botschaften, und vermeide Du-Anschuldigungen.
- Sprich Missverständnisse an.
- Nenne die Fakten und Fehler auch wirklich beim Namen.
- Frage nach, wenn du etwas nicht verstanden hast oder unsicher bist, was du tun sollst.
- Gib auch dem anderen die Chance zum Sprechen.
- Höre wirklich zu.
- Bleibe beim Thema.
- Denke daran, dass es um Verständnis geht. Das bedeutet nicht automatisch, dass der andere recht hat.
- Wahre Konfliktfähigkeit und Kommunikation kennt keine Drohungen und keine körperliche oder verbale Gewalt.
- Habe keine Angst davor, Fehler zu machen.
- Wenn du einen Fehler gemacht hast, höre auf, dich deshalb schlecht zu fühlen.
- Gib einen Fehler ohne Rechtfertigung zu. Stehe dazu, und sei ehrlich.
- Entschuldige dich. (Gegebenenfalls auch bei dir selbst: Vergib auch dir deine Fehler!)
- Suche nach einer Lösung.

Leitsätze für eine harmonische Beziehung

> Ich bin es wert, von dir geliebt und respektiert zu werden.
> Ich weiß, wer ich bin und was ich kann.

> Ich schenke dir meine bedingungslose Liebe.
> Ich bleibe verbunden mit meiner inneren Kraft.

> Ich gebe dir die Zeit, dich zu verändern.
> Ich schenke mir Gelassenheit und Geduld.

> Ich bin bereit, dir zu verzeihen.
> Ich bleibe meinen Werten treu.

> Ich unterstütze dich.
> Ich nehme meine Bedürfnisse wahr.

> Ich schenke dir die Freiheit, dich zu entfalten.
> Ich lasse los und bleibe im Vertrauen.

> Ich bin offen für deine Ratschläge und prüfe sie.
> Ich erlaube mir, Nein zu sagen.

> Ich lasse dich Fehler machen.
> Ich bin nachsichtig mit mir selbst.

> Ich unterstütze dich in deiner Kraft.
> Ich lebe mein ganzes Potenzial.

> Ich erkenne und fördere das Gute in dir.
Ich darf loslassen und das Leben genießen.

> Ich stärke dir den Rücken und stehe für dich ein.
Ich bin selbstbewusst und stehe auf meinen eigenen Füßen.

> Ich begegne dir auch in schwierigen Zeiten mit Mitgefühl.
Ich gehe liebevoll mit meinen eigenen Schwächen um.

> Ich befreie mich von Erwartungen an dich.
Ich gebe mir selbst Raum.

> Ich schenke dir Geborgenheit und Wertschätzung.
Ich ruhe in mir selbst.

> Ich gönne dir deinen Erfolg.
Ich bin mir selbst genug.

> Ich lasse dich deine eigenen Erfahrungen machen.
Ich bin ganz in meiner Verantwortung.

> Ich vertraue dir.
Ich lebe aus meinem inneren edlen Kern heraus.

> Ich genieße die Zeit mit dir.
Ich darf glücklich sein.

> Ich unterstütze dich in deinen Projekten.
Ich lebe aus meiner kraftvollen Mitte heraus.

> Ich gehe auf deine Wünsche ein.
Ich respektiere meine Grenzen.

> Ich lasse dich dein Leben leben.
Ich folge meinem inneren Reichtum.

> Ich höre dir zu.
Ich schenke meinen Absichten Gehör.

> Ich achte deine Persönlichkeit.
Ich öffne mein Herz für meine Einzigartigkeit.

> Ich entwickle Verständnis für deine Schwierigkeiten.
Ich stelle mich meinen Aufgaben.

> Ich freue mich für dich.
Ich bin mir selbst gegenüber großzügig.

> Ich habe Anteil an deinem Wachstum.
Ich darf mich weiterentwickeln.

> Ich schenke dir Stabilität.
Ich bin in meiner ganzen Lebenskraft.

> Ich übergebe dir Verantwortung.
Ich bleibe in meinem Selbstvertrauen.

> Ich fördere deine menschliche Größe.
Ich kenne meinen Wert.

> Ich begegne dir mit Achtsamkeit.
Ich bleibe mit mir in Kontakt.

> Ich gehe respektvoll mit deiner Offenheit um.
Ich darf Fehler machen und diese auch zugeben.

> Ich lasse dich selbst entscheiden.
Ich handle aus tiefstem Urvertrauen heraus.

> Ich bleibe mit dir im Dialog.
Ich darf offen sagen, was ich denke und wie ich fühle.

> Ich gönne dir den Reichtum dieser Welt.
Ich schenke mir körperliche und geistige Freiräume.

> Ich stärke deine Selbstständigkeit.
Ich vergebe mir.

> Ich gehe mit dir den Weg der Weisheit und des Friedens.
Ich bin furchtlos und stark.

Ein offener *Geist*
findet
OFFENE
Herzen.

Was mir noch wichtig ist!

Wahre Achtsamkeit lässt sich genau genommen nicht in Einzelteile zerlegen oder in verschiedene Themen unterteilen. Damit meine ich, dass du dich entweder für oder gegen ein achtsames Leben entscheidest. Dass dabei auch immer wieder etwas schiefgeht, ist nicht nur normal, sondern äußerst menschlich! Entscheidend ist, dass du auf deinem Lebensweg zunehmend merkst, wann und wo es dir an Wahrnehmung, Bewusstheit und Achtsamkeit fehlt. Erkenne unachtsames Denken, Fühlen und Handeln. Dabei gilt: Es braucht Achtsamkeit, um Unachtsamkeit zu durchschauen!

Mein Anliegen ist es, dass du Achtsamkeit auch bei sogenannten unheilsamen Eigenschaften kultivierst. Rauche z. B. eine Zigarette ganz bewusst, und genieße sie in aller Ruhe. Nimm dir Zeit, und inhaliere Atemzug um Atemzug! Erfahre auch Essen und Genussmittel bewusst. Lasse dir den Keks richtig schmecken. Kaue ihn, und schling ihn nicht hinunter. Lasse das Stückchen Schokolade ganz langsam auf der Zunge zergehen. Nimm den Duft von frisch aufgebrühtem Kaffee wahr. Mache aus einem Coffee-to-go einen Cofee-to-sit, und trinke ihn Schluck für Schluck.

Lasse dein Smartphone in der Tasche, wenn du im Restaurant sitzt, und schalte es stumm. Nicht nur dein Gegenüber, sondern auch die anderen Gäste wissen es zu schätzen, wenn du nicht permanent auf den kleinen farbigen Bildschirm blickst, Fotos von deinem Essen knipst oder der Freundin lauthals erzählst, wo du dich gerade befindest und was du im Moment tust. Erlaube dir, auch einmal nicht erreichbar zu sein. Genieße den Augenblick in vollen Zügen!

Wenn du telefonierst, schenke deinem Gesprächspartner deine ganze Aufmerksamkeit. Es ist ein Trugschluss, wenn du glaubst, der andere merkt es nicht, dass du zur selben Zeit die Toilette aufsuchst, dein Auto betankst, einen Joghurt isst, deine E-Mails checkst oder deinen Nachwuchs bändigst.

Iss nur dann, wenn du wirklich Hunger und vor allem auch genügend Zeit dazu hast. Kaue jeden Bissen ganz bewusst. Erfreue dich an den verschiedenen Farben, Formen und Aromen der einzelnen Lebens- und Nahrungsmittel. Versuche, einen Bezug zu dem zu bekommen, was und/oder wen du isst!

Entferne die leere Papierrolle, und bringe eine neue an, wenn du beim Besuch einer öffentlichen Toilette das letzte Stück Papier benutzt hast. Nimm dir Zeit, beim Einparken zu korrigieren, damit dein Auto nicht auf der Markierung, sondern im Parkfeld steht. Halte die Lifttüren geöffnet, wenn du siehst, dass noch ein anderer in den Aufzug möchte. Stehe auf der Rolltreppe konsequent auf der rechten Seite, damit die, die es eilig haben, links an dir vorbeigehen können.

Erlaube dir, ganz präsent zu sein, denn du einen Weg von A nach B zurücklegst. Der Weg ist das Ziel. Das klingt vielleicht etwas abgedroschen, aber es ist wahr. Fahre aufmerksam Auto, die Natur kannst du aus dem Bus oder der Bahn heraus bewundern. Bringe deine Wahrnehmung immer wieder in den Moment zurück, gerade, wenn du zu Fuß unterwegs bist. Spüre den Wind in deinen Haaren und die wärmenden Sonnenstrahlen auf deiner Haut. Setze einen Fuß vor den anderen: Schritt für Schritt, mehr kannst du nicht tun, um anzukommen!

Anhand dieser Beispiele lernst du, dass der Alltag zahlreiche Möglichkeiten bietet, Achtsamkeit zu praktizieren. Wenn du dich also für ein achtsames Leben entscheidest, versuche, dich selbst sowie dein Denken, Fühlen und Handeln mit heiterer Gelassenheit unter die Lupe zu nehmen. Es ist beeindruckend, was diese Entscheidung, die du mit deinem Herz-Geist triffst, bewirken kann. Wir alle sind untrennbar miteinander verbunden. Deine Entscheidung betrifft und verändert nicht nur dich, sondern beeinflusst auch mich und den Rest der Welt! Dafür danke ich dir aus tiefstem Herzen!

Die *Achtsamkeit*
des
AUGENBLICKS
vermag
alles zu
erleuchten.

Bleibe achtsam … bis zum Schluss

Eine Schülerin erkundigte sich bei ihrer Zen-Meisterin: »Bitte, Meisterin, sage mir, was ist das Wichtigste im Leben?«

Die Meisterin erwiderte: »Achtsamkeit!«
Die Schülerin bedankte sich für die Antwort und fragte weiter: »Und was ist das Zweitwichtigste?«
Die Meisterin antwortete: »Achtsamkeit!«

Achtsam leben schenkt dir viel Energie, Vertrauen und innere Stärke. Achtsamkeit ist die wunderbare und tiefe Kraft, die jedem bewusst gelebten Augenblick deines Lebens innewohnt. Egal, ob du atmest, lächelst, gehst, isst oder liebst: Durch gelebte Achtsamkeit gewinnst du ein tiefes Verständnis deiner selbst, deiner wahren Natur. Sie lässt dich in die Fülle des Lebens eintauchen. Du wirst der Kostbarkeit jeden Augenblicks gewahr, und achtsam leben hilft dir dabei, auch schwierige Situationen zu meistern und gestärkt aus ihnen hervorzugehen. Achtsamkeit verbindet dich nicht nur mit dir selbst, sondern auch mit dem wahren Leben. Sie erlaubt dir ganz konkret, Einfluss auf dein Denken, Fühlen und Handeln zu nehmen, und schenkt dir die Kraft der Eigenverantwortung. Das Zepter der Veränderung liegt nun in deiner Hand, und Veränderungen finden immer nur in der Gegenwart statt. Du erinnerst dich bestimmt noch an meine Aussage aus dem Ritual zum Ankommen: Es gibt nur eine Zeit, und diese Zeit heißt Gegenwart! Die Gegenwart ist exakt der »Ort«, zu dem dich die Achtsamkeit hinführt.

Ich wünsche dir den Mut, das Vertrauen und die Kraft, mit Achtsamkeit, Weisheit und Mitgefühl den Weg des Herz-Geistes zu gehen.

Wenn du nach einem
Sinn suchst, versuche, jeden
AUGENBLICK
ganz in Achtsamkeit zu leben.

Das ist das höchste Maß,
das ist der Lebenssinn.

Worte des Dankes

In tiefer Demut bin ich mir der Verbundenheit aller Wesen bewusst. Ich danke von Herzen allen sichtbaren und unsichtbaren Kräften, die zur Entstehung dieses Buches beigetragen haben.

Gemeinschaft als Sinn,
Verbundenheit die Quelle,
Überlebenskünstler.

Über die Autorin

Sandy Taikyu Kuhn Shimu, geboren und aufgewachsen in Zürich, ist eine Schweizer Schriftstellerin, Zen-Meisterin, psychologisch-spirituelle Beraterin und Lehrerin für asiatische Lebens- und Bewegungskünste. Sie schreibt und unterrichtet im In- und Ausland und lebt und arbeitet nach dem von ihr entwickelten WULIN-Prinzip.

www.taikyu.ch
www.t-coaching.ch
www.wulin.ch
www.wulinprinzip.ch

Weitere Titel der Autorin erschienen im Schirner Verlag

Schirner Verlag

Angst beginnt im Kopf – Mut auch!
Ein Übungsbuch für mehr Selbstvertrauen und Unabhängigkeit
978-3-8434-1324-4

einfach gelassen
Einfache Übungen für innere Ruhe und Kraft
978-3-8434-1235-3

Was wirklich glücklich macht
Der kleine Glücksratgeber für jeden Tag
978-3-8434-1290-2

Was die Energie zum Fließen bringt
Der kleine Energieratgeber für jeden Tag
978-3-8434-5069-0

Kleine Energiequellen für jeden Tag
978-3-8434-5083-6

Im Jetzt
Das Wunder der Gegenwart
(Kartenset)
978-3-8434-9065-8

Sei du selbst, und lebe deine ganze Kraft
(Kartenset)
978-3-8434-9080-1

Danke für deine REZENSION

– Gemeinsam sind wir mehr –

Liebe Leserin, lieber Leser,

von Herzen danken wir dir, dass du dieses Buch in den Händen hältst und es bis zum Ende gelesen hast. Das bedeutet uns, dem Schirner Verlag und seinen Autoren, sehr viel. Aus voller Überzeugung und mit Hingabe widmen wir uns seit vielen Jahren Themen, die unser aller Lebensqualität und Bewusstwerdung dienlich sind, und hoffen, einen Beitrag für eine lichtvollere Welt leisten zu können. Wenn dir unsere Arbeit gefällt, möchten wir dich bitten, dir einige Minuten Zeit zu nehmen, um dieses Buch zu rezensieren. Warum? Die meisten Menschen lesen Rezensionen, bevor sie ein Buch kaufen, da sie hierdurch einen Eindruck bekommen, ob und wie der Inhalt des Buches den Leser erreicht hat. Eine kurze Rezension ist dabei ebenso hilfreich wie eine lange, sehr ausführliche. Um es auf den Punkt zu bringen:

Eine Rezension ist heutzutage die beste Werbung für ein Autorenwerk!

Wenn du den Schirner Verlag und seine Autoren neben dem Buchkauf auch anderweitig unterstützen willst, dann bitten wir dich: Schreibe für jedes Werk eine Rezension – am besten auf der Seite, wo du es gekauft hast, und zusätzlich beim Schirner Verlag und bei Amazon. Das wäre nicht nur eine Wertschätzung für die Autoren, sondern kann dazu beitragen, dass die Verkaufszahlen steigen und der Schirner Verlag auch in herausfordernden Zeiten Bestand hat.

WIE SCHREIBT MAN EINE REZENSION?

Grundsätzlich sollte eine Rezension aus der eigenen, subjektiven Sicht geschrieben werden, da es sich um eine persönliche Meinung handelt. Du kannst in zwei Sätzen deine Gedanken zu dem Buch äußern oder eine längere Rezension verfassen. Falls du nicht weißt, wie du beginnen sollst, hier ein paar Anregungen:

- War das Buch leicht verständlich geschrieben? Wie hat dir die Sprache gefallen? Wie empfandest du die Aufteilung der verschiedenen Themen?
- War es unterhaltsam? War es deiner Meinung nach mit Herzblut und Liebe geschrieben? Wie hat es auf dich gewirkt?
- Hat es dein Herz berührt? Konntest du dich wiederfinden?
- War es tief greifend genug? Hast du viel Neues gelernt?
- Hat es gehalten, was der Titel und die Buchbeschreibung versprochen haben? Hat es deine Erwartungen erfüllt?
- Was macht das Buch besonders? Warum sticht es heraus im Vergleich zu anderen Büchern, die ein ähnliches Thema behandeln?
- Würdest du das Buch weiterempfehlen oder verschenken?

Dankeschön

lesen, fliegen, landen
Schirner Verlag

Bildnachweis

Fotos von der Bilddatenbank www.shutterstock.com:
Layoutelemente: Hintergrund: # 81012826 (© HolyCrazyLazy), Goldhintergrund im Zen-Kreis: # 341320430 (© dwph), Zen-Kreis: # 210187381 (© wow.subtropica), Pinselstrich: # 138527972 (© faitotoro), Bilderrahmen: # 103628369 (© Vitaly Korovin), Lotosblüte: # 84567760 (© junjun), Hintergrund Tipps: # 626755631 (© Olga_C)
S. 7: # 124546831 (© Milles Studio), S. 14: # 448950811 (© ISOstudios), S. 19: # 778596064 (© simona pilolla 2), S. 25: # 396552382 (© lzf), S. 27: # 780986371 (© oatawa), S. 40: # 288142232 (© Anton Watman), S. 43: # 507851344 (© Chuchawan), S. 45: # 681058345 (© Sunti), S. 50: # 384143626 (© Martin Mecnarowski), S. 52: # 154832543 (© Creative Travel Projects), S. 55: # 339177623 (© Alexander Sviridov), S. 61: # 441975598 (© wk1003mike), S. 67: # 280855259 (© LeicherOliver), S. 69: # 13595923 (© kyslynskyyhal), S. 75: # 171774095 (© KieferPix), S. 79: # 610196315 (© fizkes), S. 85: # 443054494 (© KANOWA), S. 91: # 548812690 (© Indypendenz), S. 99: # 276458135 (© wk1003mike), S. 103: # 270319958 (© Patrick Foto), S. 106: # 769824457 (© Min C. Chiu)